40 Días de Viaje en Silencio

Devocional de 40 días para encontrarte con Dios en el silencio

Sylvia Zambrano

Las citas bíblicas, salvo indicación contraria, están tomadas de la Reina-Valera 1960 y la Nueva Traducción Viviente.

Edición interior preparada en formato paperback 6 x 9 pulgadas.

Para todos los que alguna vez sintieron que Dios no hablaba.

Él siempre habló. Solo necesitábamos aprender a escuchar.

Antes de que empieces a callarte

Hay una cosa que nadie te dice cuando decides emprender un camino espiritual más serio: que el mayor obstáculo no será la falta de tiempo, ni la falta de disciplina, ni siquiera la falta de fe. El mayor obstáculo serás tú mismo. Tu ruido. Tu miedo al silencio. Tu tendencia a llenar cada espacio vacío con algo, cualquier cosa, antes de que Dios pueda meterse ahí.

Este libro nació de una crisis silenciosa. No una crisis de fe en el sentido dramático, sino algo más cotidiano y quizás más difícil: la sensación de que oraba mucho y escuchaba poco. De que tenía una vida espiritual activa pero superficial. De que sabía hablar con Dios, pero no sabía quedarme quieta el tiempo suficiente para que Él hablara conmigo.

Un día, casi sin querer, me encontré con estas palabras del Salmo 46: "Estad quietos, y conoced que yo soy Dios." Las había leído cien veces. Pero ese día me golpearon diferente. Porque me di cuenta de que yo no estaba quieta. Nunca estaba quieta. Y si nunca estaba quieta, ¿cómo iba a conocerle de verdad?

Fue así como empezó este viaje. No con grandiosidad ni con revelaciones espectaculares, sino con una decisión pequeña y un poco aterradora: guardar silencio intencionalmente, todos los días, durante cuarenta días.

¿Por qué cuarenta días? Porque en la Biblia, el número cuarenta aparece siempre en momentos de preparación profunda. Moisés estuvo cuarenta años en el desierto antes de escuchar la voz de

Dios en la zarza ardiente. El pueblo de Israel vagó cuarenta años aprendiendo a depender de Él. Jesús pasó cuarenta días en el desierto antes de comenzar su ministerio. No es un número mágico. Es un número que indica que algo importante está a punto de ocurrir, pero primero hay que pasar por un proceso.

Este libro es una guía para ese proceso. No es un manual de técnicas de meditación. No es un curso de mindfulness con lenguaje cristiano. Es un camino espiritual concreto, enraizado en Jesucristo, que te llevará de la mano desde el ruido que produces hasta el silencio donde Dios te espera.

El viaje tiene cinco etapas. En la primera, El Ruido, vas a descubrir cuánto ruido has elegido en tu vida, y por qué. En la segunda, El Desierto, vivirás la incomodidad de la sequedad espiritual, los momentos en que Dios parece no hablar, y aprenderás a no huir. En la tercera, La Escucha, empezarás a reconocer cómo habla Dios realmente. En la cuarta, La Sanación, el silencio se convertirá en lugar de curación para heridas que quizás ni sabías que llevabas. Y en la quinta, El Regreso, volverás a tu vida cotidiana transformado, con una voz distinta y una escucha nueva.

Cómo usar este libro: cada día tiene seis partes: un versículo ancla, una reflexión, una cita de algún maestro espiritual del camino, una práctica de silencio concreta, una pregunta para el alma, y una oración de cierre. No tienes que hacer todo en una sola sesión, aunque lo ideal es que puedas. Si tienes poco tiempo, al menos haz la práctica de silencio y la oración.

Puedes usarlo en solitario o en grupo. Si lo haces en grupo, sugiero que cada persona haga primero la lectura y la práctica individualmente, y luego compartan la pregunta para el alma en conjunto.

Una advertencia honesta: algunos días te van a incomodar. Aparecerán cosas que no esperabas. El silencio es honesto de una manera que las palabras no siempre son. No huyas. Eso que aparece en el silencio es a menudo exactamente lo que Dios quería mostrarte.

¿Listo para empezar? Entonces cállate un momento, respira hondo, y déjate llevar.

ETAPA 1

EL RUIDO

Días 1-8

Descubrir el ruido que hemos elegido

DÍA 01

El mundo no para, y tú tampoco

VERSÍCULO DEL DÍA

> *"Venid a mí todos los que estáis trabajados y cargados, y yo os haré descansar."*
>
> *- Mateo 11:28 (RVR1960)*

REFLEXIÓN

Empieza por aquí: ¿cuándo fue la última vez que no hiciste nada? No ver una serie, no escuchar música, no revisar el teléfono. Solo tú, en silencio, sin producir ni consumir nada. Si tienes que pensar mucho para recordarlo, eso ya es una respuesta.

Vivimos en una cultura que ha convertido la productividad en virtud y el descanso en culpa. "Descansaré cuando muera" es un chiste que decimos riendo, sin darnos cuenta de cuánta verdad encierra. Nos hemos olvidado de que el descanso no es ausencia de trabajo. Es presencia. Presencia contigo mismo. Presencia con los demás. Presencia con Dios.

Jesús vivió en una cultura también agitada, aunque sin notificaciones push. Había multitudes, necesidades, expectativas. Y sin embargo, el evangelio de Marcos nos muestra una y otra vez a Jesús escondiéndose. Muy de madrugada, cuando todavía era oscuro, Jesús se levantó y salió, y fue a un lugar desierto, y allí oraba. No era una práctica espiritual opcional. Era el centro desde el que vivía todo lo demás.

La invitación de hoy no es que cambies todo tu estilo de vida de golpe. Es solo que te detengas a observar. ¿A qué velocidad estás viviendo? ¿Qué tan seguido te detienes? ¿Y qué pasa dentro de ti cuando lo haces?

Muchas personas descubren, cuando finalmente se quedan quietas, que debajo del movimiento constante hay algo que no querían ver: una angustia, una pregunta, un dolor que el movimiento ayuda a no sentir. Eso no es debilidad. Es humanidad. Y Dios no te pide que lo resuelvas solo. Te pide que vengas a Él exactamente así, cargado y cansado, y que te sientes un momento.

. . .

VOZ DEL CAMINO

> *"Nuestro corazón está inquieto hasta que repose en ti."*
>
> *- San Agustín, Confesiones*

Agustín tardó décadas en descubrir que lo que buscaba en todos lados estaba justo donde siempre había estado. Su inquietud no era un defecto, era la brújula que lo llevó a Dios. La tuya también puede serlo.

. . .

PRÁCTICA DE SILENCIO - 5 MIN

Siéntate en un lugar tranquilo. Pon el teléfono en otra habitación. Pon un temporizador de cinco minutos.

Cierra los ojos. Respira profundo tres veces, despacio.

Durante estos cinco minutos, no tienes ninguna tarea. Solo siéntate. Si tu mente vaga, está bien. Solo di suavemente: Señor, aquí estoy.

Cuando el temporizador suene, antes de abrir los ojos, di una sola cosa: gracias.

. . .

PREGUNTA PARA EL ALMA

¿Cuándo fue la última vez que te sentaste en silencio sin propósito, y qué sientes cuando piensas en hacerlo ahora?

. . .

ORACIÓN DE CIERRE

Señor,
no recuerdo cuándo fue la última vez que me detuve de verdad.
Siempre hay algo que hacer, alguien que atender, algo que revisar.
Y me doy cuenta, aquí sentado, de que estoy cansado.
No solo de las cosas que hago,
sino de la velocidad a la que las hago.
Tú dijiste que me darías descanso.
Hoy quiero creer eso.
Hoy quiero empezar a aprender
cómo sentarme contigo
sin necesitar hacer nada.
Enséñame.
Amén.

Escribe aquí lo que el silencio te dijo hoy:

DÍA 02

El ruido que elegimos

VERSÍCULO DEL DÍA

"*Estad quietos, y conoced que yo soy Dios.*"

- Salmo 46:10 (RVR1960)

REFLEXIÓN

Había una época en mi vida en que encendía la música apenas despertaba. No porque tuviera ganas de escucharla. Sino porque el silencio de la mañana me ponía nerviosa. Como si en ese espacio vacío pudiera aparecer algo, una pregunta, una pena, la voz de Dios, para lo que todavía no estaba lista.

Eso era ruido elegido. No ruido que me caía encima. Ruido que yo buscaba, producía, cultivaba.

Hay una diferencia importante entre el ruido que el mundo te impone y el ruido que tú mismo fabricas. El primero es inevitable: el tráfico, los hijos, el trabajo, las notificaciones que llegan aunque no quieras. Pero el segundo, ese que buscamos activamente, es otra cosa. Ese ruido es una decisión. Y a veces, cuando somos valientes para mirarlo de frente, descubrimos que es también una forma de huida.

Blaise Pascal, el matemático y filósofo francés del siglo XVII, escribió algo que golpea con fuerza: toda la infelicidad del hombre proviene de una sola cosa, no saber quedarse quieto en una habitación. Lo escribió hace casi cuatrocientos años, antes de los teléfonos inteligentes. Y sin embargo, lo describió perfectamente.

Cuando Dios le dice al salmista estad quietos, usa una palabra en hebreo que podría traducirse también como suéltate, deja caer, afloja. No es una orden militar de quedarse inmóvil. Es una invitación tierna: suelta lo que estás apretando tan fuerte. Afloja. Aquí estoy yo.

La quietud que Dios pide no es ausencia de sonido. Es ausencia de huida.

...

VOZ DEL CAMINO

> *"Nos hiciste para ti, y nuestro corazón está inquieto hasta que repose en ti."*
>
> *- San Agustín, Confesiones*

Esa inquietud que te hace buscar ruido no es necesariamente algo malo. Es el rastro de un hambre real. El problema es que estamos intentando llenar un hambre de Dios con cosas que no sacian. La buena noticia: la inquietud te señala hacia Él.

...

PRÁCTICA DE SILENCIO - 5 MIN

Busca un lugar donde puedas estar sin interrupciones. No importa dónde, importa que sea intencional.

Pon el teléfono boca abajo o en otra habitación.

Siéntate cómodamente. Cierra los ojos. Respira despacio.

Durante estos cinco minutos, solo nota el ruido interior. Las listas de pendientes. La conversación que no terminó bien. La preocupación que te ronda.

No luches con ese ruido. Solo observa y di en tu mente, suavemente:

Padre, aquí está mi ruido. No te lo escondo. Aquí estoy yo.

. . .

PREGUNTA PARA EL ALMA

¿Cuál es el ruido que más frecuentemente eliges, y qué crees que estás evitando cuando lo enciendes?

. . .

ORACIÓN DE CIERRE

Padre,
hoy me doy cuenta de que a veces tengo miedo de ti.
No de ti exactamente, sino de lo que podrías decirme
si me quedara quieto el tiempo suficiente para escucharte.
Tengo miedo de lo que aparecería en el silencio.
Tengo miedo de que no digas nada
y eso signifique que no estás.
Tengo miedo de que sí digas algo
y que me cambie.
Pero hoy, aunque sea un poco,
quiero aflojar.
Quiero soltar el control de todos los sonidos
y dejar un pequeño espacio para ti.
No sé hacerlo bien todavía.
Pero aquí estoy.
Enséñame a quedarme.
Amén.

Escribe aquí lo que el silencio te dijo hoy:

DÍA 03

La pantalla como espejo roto

VERSÍCULO DEL DÍA

> *"No os conforméis a este siglo, sino transformaos por medio de la renovación de vuestro entendimiento."*
>
> *- Romanos 12:2 (RVR1960)*

REFLEXIÓN

Hay un experimento mental que a veces hago: imagino cómo sería mi día sin ninguna pantalla. Sin teléfono, sin computadora, sin televisión. Solo yo, el mundo físico, las personas cercanas y Dios.

La primera reacción casi siempre es ansiedad. Y eso en sí mismo me dice mucho.

Las pantallas no son malas. Pero se han convertido en el espejo principal a través del cual muchos nos vemos a nosotros mismos: ¿cuántos likes tuve hoy? ¿Qué dicen de mí? ¿Qué están haciendo los demás comparado con lo que hago yo?

El problema es que ese espejo está roto. La imagen que devuelven las redes sociales no es real. Es una selección cuidadosa de los mejores momentos de todos, puesta en fila para que tu vida promedio parezca insuficiente.

Pablo les escribe a los romanos que no se conformen a este siglo. La palabra griega que usa podría traducirse como no tomen la forma de, no se moldeen según. Es una imagen de algo blando que adopta la forma del molde en que se pone. ¿Cuál es el molde en el que pasas más tiempo?

El silencio te devuelve a otro espejo: el de la Palabra de Dios, el de la oración, el de quien realmente eres ante Sus ojos. Ese espejo no te compara con nadie. Solo te ve.

. . .

VOZ DEL CAMINO

"El alma que anda en amor ni cansa ni se cansa."

- San Juan de la Cruz

San Juan conocía el agotamiento del alma que busca su valor en lugares equivocados. El amor de Dios no agota porque no exige que te presentes mejor de lo que eres.

. . .

PRÁCTICA DE SILENCIO - 5 MIN

Hoy, antes de esta práctica, deja el teléfono en otra habitación.

Siéntate. Cierra los ojos. Respira.

Imagina que frente a ti hay un espejo. En ese espejo no ves tu apariencia física, sino quién eres: tus miedos, tus deseos, tus heridas, tus talentos.

Y luego imagina que Jesús está parado junto a ti, mirando ese mismo espejo. Y lo que ves en su rostro no es decepción. Es reconocimiento: sí, te conozco. Y te quiero igual.

Quédate con esa imagen cinco minutos.

. . .

PREGUNTA PARA EL ALMA

¿Qué dice de ti el espejo de las redes sociales, y en qué se diferencia de lo que dice Dios?

...

ORACIÓN DE CIERRE

Señor,
hoy quiero ser honesto:
paso demasiado tiempo mirando lo que hacen otros
y muy poco tiempo mirándote a ti.
Me comparo. Me quedo corto. O me enorgullezco.
Ninguna de las dos cosas me acerca a ti.
Hoy quiero mirar en el espejo correcto.
El que dice que soy tuyo.
El que dice que soy suficiente no por lo que produzco
sino por lo que tú ya hiciste.
Renueva mi mente, Padre.
Amén.

Escribe aquí lo que el silencio te dijo hoy:

DÍA 04

Las palabras que usamos para escondernos

VERSÍCULO DEL DÍA

> *"El que guarda su boca guarda su alma; mas el que mucho abre sus labios tendrá calamidad."*
>
> *- Proverbios 13:3 (RVR1960)*

REFLEXIÓN

Las palabras pueden ser puentes o pueden ser muros. Y a veces usamos las palabras no para comunicarnos, sino para evitar la comunicación real.

¿Cuántas conversaciones tienes al día que son ruido social, palabras de relleno? Nada malo en eso. Pero ¿cuándo fue la última vez que alguien te preguntó cómo estás y respondiste con la verdad?

Hay personas que hablan mucho y dicen poco. Personas que pueden hablar horas de su trabajo, de los demás, de noticias, y sin embargo nunca dicen lo que realmente sienten. Las palabras se convierten en una cortina detrás de la cual se esconde el alma.

Y lo mismo pasa en la oración. A veces oramos con muchas palabras bonitas y estructuradas, y en algún punto dejamos de hablarle a Dios y empezamos a hacer una presentación ante Él.

Jesús fue muy directo sobre esto: cuando oréis, no uséis vanas repeticiones. Y luego enseñó el Padrenuestro, que cabe en menos de un minuto.

El silencio te enseña a usar las palabras con más cuidado. Cuando aprendes a estar en silencio, las palabras que salen tienen más peso, más verdad, más intención.

...

VOZ DEL CAMINO

"En el silencio del corazón Dios habla."

- Santa Teresa de Calcuta

Esta mujer que dedicó su vida a servir a los más pobres cultivaba el silencio no como lujo sino como necesidad absoluta. El servicio exterior, decía, nace del encuentro interior.

...

PRÁCTICA DE SILENCIO - 7 MIN

Hoy la práctica tiene dos partes.

Primero: durante los próximos diez minutos, practica no iniciar ninguna conversación. Si alguien te habla, responde con calma y brevedad. Pero no generes conversación tú mismo.

Luego, siéntate en silencio siete minutos. En esos siete minutos, habla con Dios sin preparar lo que vas a decir. Deja que salga lo que sale. La honestidad importa más que la elocuencia.

...

PREGUNTA PARA EL ALMA

¿Hay algo que llevas tiempo sin decirle a Dios porque no sabes cómo formularlo, o porque te da vergüenza?

...

ORACIÓN DE CIERRE

Padre,
hay cosas que llevo guardadas
que no he sabido cómo decirte.
No porque no lo sepa.
Sino porque me da vergüenza.
O miedo. O no sé bien qué es.
Hoy no voy a usar palabras bonitas.
Solo quiero decirte que estoy aquí
y que dentro de mí hay cosas que tú ya sabes
y que yo todavía no he terminado de nombrar.
Ayúdame a ser honesto contigo.
Eso es todo lo que te pido hoy.
Amén.

Escribe aquí lo que el silencio te dijo hoy:

DÍA 05

Ocupados de Dios pero lejos de Él

VERSÍCULO DEL DÍA

> "*Marta, Marta, afanada y turbada estás con muchas cosas. Pero solo una cosa es necesaria.*"
>
> *- Lucas 10:41-42 (RVR1960)*

REFLEXIÓN

Existe un tipo de persona religiosa que es muy peligrosa espiritualmente, no porque sea mala, sino porque parece tan buena: la persona que está tan ocupada sirviendo a Dios que nunca tiene tiempo para estar con Dios.

Marta no era una mala persona. Pero en algún punto la actividad se convirtió en distracción. Y lo más revelador de la historia no es lo que Marta hacía, sino lo que Jesús dijo: que María había escogido la buena parte. No la parte correcta, no la parte piadosa. La buena parte.

¿Cuántas personas tienen una agenda espiritual llena, con reuniones, ministerios, grupos de oración, y sin embargo en algún lugar saben que su corazón está seco? Que conocen la Biblia pero no a quien la escribió.

La actividad religiosa puede convertirse en el ruido más engañoso de todos, porque viene disfrazada de piedad.

Hoy no te digo que dejes tu ministerio. Te digo que verifiques el orden: ¿estás sirviendo desde el encuentro con Dios, o estás usando el servicio para evitar el encuentro?

. . .

VOZ DEL CAMINO

"Primero ama a Dios, luego haz lo que quieras."

- San Agustín

Esta frase tan citada tiene una condición enorme en el primero. Agustín no decía que todo vale. Decía que cuando el amor a Dios ocupa el primer lugar, todo lo demás se ordena solo.

. . .

PRÁCTICA DE SILENCIO - 7 MIN

Antes de sentarte en silencio, escribe una lista rápida de todas tus actividades espirituales de la última semana.

Luego, al lado de cada una, escribe una palabra que describa cómo te sentiste haciéndolo: ¿conectado? ¿obligado? ¿lleno? ¿vacío?

Después siéntate en silencio siete minutos y lleva esa lista ante Dios. No para sentirte culpable, sino para ser honesto.

. . .

PREGUNTA PARA EL ALMA

¿Hay alguna actividad espiritual en tu vida que estás haciendo por costumbre o por culpa, más que por amor?

. . .

ORACIÓN DE CIERRE

Jesús,
creo que a veces me parezco más a Marta de lo que quisiera admitir.
Estoy ocupado con muchas cosas.
Algunas tuyas. Algunas mías con tu nombre encima.
Hoy quiero sentarme a tus pies como María.
Sin agenda. Sin lista de pendientes.
Sin necesitar producir nada.
Solo estar aquí.
Contigo.
Esto también es una forma de servirte.
Y quizás la más importante.
Amén.

Escribe aquí lo que el silencio te dijo hoy:

DÍA 06

El ruido interior: cuando la mente no descansa

VERSÍCULO DEL DÍA

> *"Por nada estéis afanosos, sino sean conocidas vuestras peticiones delante de Dios en toda oración y ruego, con acción de gracias. Y la paz de Dios, que sobrepasa todo entendimiento, guardará vuestros corazones y vuestros pensamientos en Cristo Jesús."*
>
> *- Filipenses 4:6-7 (RVR1960)*

REFLEXIÓN

Hay un tipo de ruido que no necesita altavoces. Vive entre tus orejas.

Es el ruido de la mente que no para. Las conversaciones que repites en bucle, lo que debiste haber dicho, lo que seguramente dijeron de ti. Las preocupaciones del mañana que todavía no ha llegado.

Cuando te sientas en silencio, lo primero que encontrarás no es paz. Encontrarás ruido. Ruido mental, preocupaciones, miedos, listas. Y muchas personas interpretan ese ruido como una señal de que no sirven para el silencio, de que su mente es demasiado activa para orar.

Pero ese ruido no es el enemigo. Es el punto de partida.

Pablo no les dice a los filipenses que eliminen la ansiedad por fuerza de voluntad. Les dice que lleven esos pensamientos ante Dios. Que no carguen solos con ese peso mental.

La paz que Dios da no es ausencia de pensamientos. Es una presencia tan real que los pensamientos dejan de tener el control.

...

VOZ DEL CAMINO

> "*Alma mía, busca en ti misma a Dios.*"
>
> *- Santa Teresa de Ávila*

Teresa entendía que el camino al silencio pasa por dentro, no por fuera. No se trata de encontrar el lugar perfecto o la técnica perfecta. Se trata de aprender a habitar tu propio interior sin huir.

...

PRÁCTICA DE SILENCIO - 7 MIN

Siéntate en silencio. Cierra los ojos.

Cuando aparezca un pensamiento, no lo pelees. Solo imagina que tomas ese pensamiento y lo pones en las manos de Jesús. Literalmente visualiza eso: el pensamiento como un objeto que colocas en sus manos.

No tienes que resolverlo. Solo deja que sea su responsabilidad por el momento.

Repite cada vez que aparezca un pensamiento nuevo: ponlo en sus manos y vuelve al silencio.

Siete minutos.

...

PREGUNTA PARA EL ALMA

¿Cuál es el pensamiento que más te cuesta soltar, y qué pasaría si lo dejaras en manos de Dios de verdad?

...

ORACIÓN DE CIERRE

Padre,
mi mente es ruidosa.
Tú lo sabes mejor que yo.
Hoy no te pido que la calle de golpe.
Te pido que seas más grande que ella.
Que tu presencia sea tan real
que los pensamientos dejen de gobernarme.
Toma esta mente mía.
Toma estas preocupaciones.
Yo no puedo cargarlas bien.
Tú sí.
Amén.

Escribe aquí lo que el silencio te dijo hoy:

DÍA 07

La comparación como interferencia

VERSÍCULO DEL DÍA

> "*Cada uno someta a prueba su propia obra, y entonces tendrá motivo de gloriarse solo respecto de sí mismo, y no en otro.*"
>
> *- Gálatas 6:4 (NTV)*

REFLEXIÓN

La comparación es uno de los ruidos más constantes y menos reconocidos que llevamos adentro. Siempre hay alguien más exitoso, más espiritual, más feliz, más interesante. Y en cualquiera de los casos, el resultado es el mismo: nos alejamos de nosotros mismos y de Dios.

Cuando comparas tu vida espiritual con la de otros, entras en un territorio especialmente peligroso. Porque la vida espiritual no es visible desde afuera. Esa persona que parece tan serena puede estar en medio de su propia batalla.

El silencio te libera de la comparación porque en el silencio ya no hay audiencia. No hay nadie mirando. No hay puntuación. Solo tú y Dios. Y en ese espacio, descubres que lo que Dios tiene para ti no es mejor ni peor que lo que tiene para otro. Es exactamente tuyo.

Tu camino espiritual tiene una forma única porque tú eres único. El silencio es el lugar donde puedes descubrir cuál es esa forma, sin el ruido de lo que todos los demás están haciendo.

. . .

VOZ DEL CAMINO

"No te preocupes por lo que hacen los demás. Cada uno tiene su propio camino."

- Thomas Merton, El Signo de Jonás

Merton, que vivió en un monasterio rodeado de personas en el mismo camino espiritual, entendió que incluso ahí cada alma tiene su propio ritmo y su propio trato con Dios.

. . .

PRÁCTICA DE SILENCIO - 7 MIN

Antes de sentarte en silencio, toma un momento para escribir tres cosas que son únicamente tuyas: una cualidad, una experiencia de Dios que hayas tenido, una forma en que sientes que Dios te habla.

Luego siéntate siete minutos en silencio. Lleva esas tres cosas ante Dios y di: Esto soy yo. Esto es lo que tenemos tú y yo. Gracias.

. . .

PREGUNTA PARA EL ALMA

¿Con quién te comparas espiritualmente, y cómo esa comparación te está robando la paz?

. . .

ORACIÓN DE CIERRE

Señor,
confieso que me comparo.
Con los que parecen más espirituales que yo.
Con los que parecen menos.
Y en ese juego siempre pierdo algo:
o me enorgullezco, o me deprimo.
Ninguno de los dos lugares es tuyo.
Hoy quiero vivir mi propio camino.
El que tú diseñaste para mí, con mis tiempos,
con mis heridas, con mis dones.
No el de nadie más.
Ayúdame a correr mi propia carrera
con los ojos fijos en ti.
Amén.

Escribe aquí lo que el silencio te dijo hoy:

DÍA 08

¿Y si el silencio me asusta?

VERSÍCULO DEL DÍA

"No temas, porque yo estoy contigo; no desmayes, porque yo soy tu Dios que te esfuerzo; siempre te ayudaré, siempre te sustentaré con la diestra de mi justicia."

- Isaías 41:10 (RVR1960)

REFLEXIÓN

Antes de pasar a la próxima etapa de este viaje, quiero preguntarte algo directamente: ¿tienes miedo del silencio?

No es una pregunta retórica. Es una pregunta real. Porque mucha gente lo tiene, y nadie habla de ello.

A veces el silencio asusta porque en él aparecen cosas que hemos evitado. Recuerdos dolorosos. Preguntas sin respuesta. La sensación de que Dios no está.

A veces asusta porque no estamos acostumbrados a estar con nosotros mismos. Pero estar a solas con nuestra propia alma, sin distracciones, puede sentirse como entrar a un cuarto que no visitamos hace mucho tiempo.

Y a veces asusta porque, en algún nivel, tememos lo que Dios podría decir. Que nos pida algo que no queremos dar. Que nos cambie de maneras que todavía no controlamos.

Lo que quiero que escuches hoy es esto: el mismo Dios que te invita al silencio es el que dice no temas. No tienes que entrar solo. Entras con Él.

. . .

VOZ DEL CAMINO

> *"Dios está en el centro del alma, y ahí le encontrará quien le busque con corazón sincero."*
>
> *- Santa Teresa de Ávila, Castillo Interior*

Teresa pasó años con miedo a la oración profunda porque no sabía qué encontraría ahí. Lo que encontró fue a Dios, no como juez, sino como morada. El silencio no es un lugar peligroso. Es el hogar del alma.

. . .

PRÁCTICA DE SILENCIO - 8 MIN

Esta práctica marca el final de la primera etapa.

Siéntate en un lugar donde te sientas seguro. Cierra los ojos.

Imagina que entras a una habitación. Es tranquila, cálida, con buena luz. En esa habitación no hay nadie más que tú y Dios.

Si sientes miedo, dilo: Tengo miedo. Y luego di: Pero me quedo.

Quédate ocho minutos. Si aparece algo difícil, no te vayas. Solo di: Estoy aquí, Señor. Aquí con todo esto.

. . .

PREGUNTA PARA EL ALMA

¿Qué es lo que más temes encontrar en el silencio, y qué necesitarías saber de Dios para atreverte a quedarte?

...

ORACIÓN DE CIERRE

Señor,
voy a ser completamente honesto:
a veces el silencio me asusta.
No sé bien qué voy a encontrar ahí.
O quizás sí lo sé, y por eso lo evito.
Pero hoy decido creer lo que tú dijiste:
que estarás conmigo.
Que no me soltarás.
Que lo que aparezca en ese silencio
no me destruirá porque tú estás ahí.
Voy a entrar contigo.
No sin miedo.
Sino con miedo y contigo.
Eso es suficiente.
Amén.

Escribe aquí lo que el silencio te dijo hoy:

ETAPA 2

EL DESIERTO

Días 9-16

La soledad, la sequedad y la tentación de rendirse

DÍA 09

Bienvenido al desierto

VERSÍCULO DEL DÍA

"Y Jesús, lleno del Espíritu Santo, volvió del Jordán, y fue llevado por el Espíritu al desierto."

- Lucas 4:1 (RVR1960)

REFLEXIÓN

Termina la primera semana. Has sobrevivido a ocho días mirando tu propio ruido. Y ahora entramos a un territorio diferente, más incómodo, menos predecible. Bienvenido al desierto.

Lo primero que necesitas saber sobre el desierto espiritual es que no es un castigo. Jesús fue al desierto lleno del Espíritu Santo. No como consecuencia de un pecado. Fue llevado ahí por el mismo Espíritu que acababa de descender sobre Él en el bautismo.

El desierto es un lugar de preparación, no de abandono.

Pero se siente como abandono. La sensación de que oras y el techo es de concreto, de que lees la Biblia y las palabras no aterrizan, de que el entusiasmo de los primeros días se fue y en su lugar hay solo... nada.

Moisés pasó cuarenta años en el desierto antes de escuchar la voz de Dios en la zarza ardiente. El pueblo de Israel aprendió a depender de Dios solo cuando ya no tenía nada más de qué depender.

El desierto tiene una pedagogía necesaria: te despoja de todo lo que no es esencial para que puedas ver lo que sí lo es.

. . .

VOZ DEL CAMINO

> *"El desierto es el lugar donde Dios habla al corazón."*
>
> *- Parafraseado de Oseas 2:14, por los Padres del Desierto*

Los Padres del Desierto se fueron literalmente al desierto porque entendieron que la comodidad espiritual puede ser el mayor enemigo del crecimiento. El desierto quita las distracciones no por crueldad sino por amor.

. . .

PRÁCTICA DE SILENCIO - 8 MIN

Hoy la práctica es diferente. En lugar de buscar un espacio cómodo, busca uno que sea ligeramente incómodo. El suelo, una silla sin cojín, un lugar más frío de lo habitual.

Siéntate ahí ocho minutos.

Durante ese tiempo, solo di una frase, repetida lentamente:

Dios, estoy aquí. Aunque no te sienta, creo que tú también estás.

No busques una experiencia. Solo permanece.

. . .

PREGUNTA PARA EL ALMA

¿Cuándo fue la última vez que experimentaste sequedad espiritual, y qué hiciste con eso?

. . .

ORACIÓN DE CIERRE

Señor,
entro al desierto.
No con gusto, seré honesto.
Pero entro.
Sé que este no es un lugar de castigo.
Sé que tú estás aquí también,
aunque no lo sienta de la misma manera.
Enséñame a caminar en este territorio
sin huir hacia el primer oasis falso que encuentre.
Estoy aquí.
Amén.

Escribe aquí lo que el silencio te dijo hoy:

DÍA 10

Cuando Dios parece no hablar

VERSÍCULO DEL DÍA

"Clamo de día, oh Dios, pero no respondes; y de noche, y no hay para mí reposo."

- Salmo 22:2 (RVR1960)

REFLEXIÓN

Ya llevas varios días en esto. Y puede ser que en este punto estés experimentando una de dos cosas: o el silencio empieza a sentirse como un lugar seguro, o el silencio se siente como una habitación vacía donde llamaste y nadie contestó.

Si estás en lo segundo, este día es para ti.

Hay una mentira que circula en ciertos círculos espirituales: que si te esfuerzas lo suficiente, si oras bien, Dios responderá de forma clara, cálida e inmediata. Pero eso no es la Biblia.

El mismo Jesús, en la cruz, citó el Salmo 22: Dios mío, Dios mío, ¿por qué me has abandonado? Si hay una frase que debería liberarnos del peso de fingir que siempre sentimos a Dios cerca, es esa. Porque si el Hijo de Dios habitó ese silencio brutal, entonces ese silencio no es evidencia de tu fracaso espiritual. Es parte del terreno.

La sequedad espiritual no significa que Dios se fue. A veces significa que está haciendo algo más profundo de lo que tus sentidos pueden registrar. Como cuando una semilla está bajo la tierra y desde afuera parecería que no pasa nada, pero precisamente ahí, en lo oscuro, está pasando todo.

Lo que el desierto te pide no es que dejes de sentir la ausencia. Es que no huyas de ella.

. . .

VOZ DEL CAMINO

"En la noche oscura, el alma camina segura."

- San Juan de la Cruz

San Juan llamó a este territorio la noche oscura del alma. Y escribió sobre ella no como una catástrofe, sino como una forma de amor. Dios oscurece los sentidos para llevar al alma a un lugar donde ya no depende de emociones sino de fe desnuda.

. . .

PRÁCTICA DE SILENCIO - 10 MIN

Hoy no vas a intentar sentir a Dios. Vas a aprender a quedarte en su presencia aunque no la sientas.

Siéntate en un lugar tranquilo. Cierra los ojos. Respira.

Y di esto, en voz muy baja o solo en tu mente:

Dios, no te siento ahora mismo. Y aun así, creo que estás aquí.

Repítelo despacio. No como mantra, sino como acto de voluntad.

Luego quédate en silencio el resto del tiempo. Sin esperar una señal. Solo permanece.

. . .

PREGUNTA PARA EL ALMA

¿Qué tan seguido confundes la presencia de Dios con la sensación de la presencia de Dios?

. . .

ORACIÓN DE CIERRE

Señor,
hoy no te siento.
Y quiero ser honesto contigo sobre eso.
El silencio entre nosotros hoy
no se siente como descanso.
Se siente como espera.
Como llamar a una puerta y no saber
si hay alguien al otro lado.
Pero me quedo.
No porque me sobre la fe,
sino porque no tengo a dónde más ir
que me importe tanto como esto.
Tú dijiste que los que te buscan te encuentran.
Hoy elijo creer eso aunque no lo sienta.
Amén.

Escribe aquí lo que el silencio te dijo hoy:

DÍA 11

La tentación de llenar el vacío

VERSÍCULO DEL DÍA

"Y el tentador se acercó y le dijo: Si eres Hijo de Dios, di que estas piedras se conviertan en pan."

- Mateo 4:3 (RVR1960)

REFLEXIÓN

En el desierto, Jesús tuvo hambre. Eso dice la Biblia con una simplicidad que estremece: tuvo hambre. No estuvo por encima de la necesidad. La sintió.

Y en ese momento de necesidad concreta, llegó la tentación: llena el vacío. Tienes el poder. Úsalo ahora.

La tentación del desierto raramente se presenta como algo obviamente malo. Se presenta como sentido común. Tienes hambre, aquí hay pan. Te sientes solo, aquí hay compañía fácil. El silencio te incomoda, aquí hay ruido disponible.

Y Jesús respondió algo que no encaja con nuestra lógica de satisfacción inmediata: no solo de pan vive el hombre, sino de toda palabra que sale de la boca de Dios.

Hay necesidades que solo Dios puede llenar. ¿Cuál es tu tentación del desierto? ¿Qué es lo que más fácilmente alcanzas cuando el silencio se vuelve incómodo?

...

VOZ DEL CAMINO

"El alma que se apega a algo, por pequeño que sea, no llega a Dios."

- San Juan de la Cruz, Subida del Monte Carmelo

Juan no era un asceta cruel que odiaba el placer. Había descubierto algo tan grande que todo lo demás palidecía. El problema del apego no es que las cosas sean malas, sino que ocupan el espacio de lo que más necesitamos.

...

PRÁCTICA DE SILENCIO - 10 MIN

Hoy, antes de la práctica, identifica una cosa concreta que sueles usar para llenar el vacío cuando te incomoda el silencio.

Durante la práctica de hoy, si aparece la tentación de ir hacia esa cosa, solo nótalo. Di en tu mente: Ahí está. Y me quedo aquí de todas formas.

Siéntate diez minutos. Cuando aparezca el impulso de escapar, vuelve a la frase de Jesús: no solo de pan vive el hombre.

...

PREGUNTA PARA EL ALMA

¿Con qué sueles llenar el hambre espiritual, y qué dice eso sobre lo que más necesitas de Dios?

...

ORACIÓN DE CIERRE

Jesús,
tú también sentiste hambre en el desierto.
Y eso me ayuda a no sentirme tan raro por sentir la mía.
Hoy quiero ser honesto sobre mis tentaciones.
Las cosas a las que me voy cuando el silencio duele.
Enséñame a quedarme en el hambre el tiempo suficiente
para que solo tú puedas llenarlo.
Amén.

Escribe aquí lo que el silencio te dijo hoy:

DÍA 12

Los recuerdos que aparecen cuando te callas

VERSÍCULO DEL DÍA

> *"El Consolador, el Espíritu Santo, a quien el Padre enviará en mi nombre, él os enseñará todas las cosas, y os recordará todo lo que yo os he dicho."*
>
> *- Juan 14:26 (RVR1960)*

REFLEXIÓN

Hay algo que nadie te advierte antes de empezar un camino de silencio: que el silencio tiene memoria. Que cuando te callas, cosas que habías guardado, o enterrado, o simplemente ignorado, comienzan a surfear hacia la superficie.

No siempre son cosas malas. A veces son momentos hermosos que olvidaste valorar, promesas de Dios que recibiste hace años y que el ritmo de la vida fue borrando.

Pero otras veces son cosas difíciles. Conversaciones que quedaron incompletas. Personas que lastimaste o que te lastimaron. Miedos que creías haber superado.

Cuando eso sucede, la reacción natural es salir del silencio. Pero el Espíritu Santo, dice Jesús, es el Consolador. Y parte de su trabajo es traer a la memoria, no para atormentar, sino para sanar.

Los recuerdos que aparecen en el silencio no siempre son coincidencias. A veces son invitaciones.

. . .

VOZ DEL CAMINO

> *"Entrar dentro de sí mismo es salir de sí mismo para encontrarse con Dios."*
>
> *- San Agustín*

Agustín entendió que el verdadero autoconocimiento y el conocimiento de Dios van juntos. No podemos conocer a Dios profundamente sin conocernos a nosotros mismos, y no podemos conocernos sin su luz.

. . .

PRÁCTICA DE SILENCIO - 10 MIN

Siéntate en silencio. Cierra los ojos. Respira profundo.

Deja que tu mente vaya a donde quiera ir. No la guíes.

Si aparece un recuerdo, no lo huyas. Quédate con él como si fuera un visitante. Pregúntate: ¿por qué apareces ahora?

Y luego llévalo ante Dios: Señor, aquí hay algo que guardo desde hace tiempo. Tócalo tú.

Diez minutos. Con lo que aparezca.

. . .

PREGUNTA PARA EL ALMA

¿Hay algo del pasado que el silencio ha traído a la superficie, que quizás Dios quiere tocar?

. . .

ORACIÓN DE CIERRE

Espíritu Santo,
tú recuerdas todo lo que Jesús dijo.
Y también recuerdas todo lo que yo he vivido.
Hoy te pido que seas el Consolador en mis recuerdos.
No el acusador. No el juez.
El que consuela, el que sana, el que redime.
Toca lo que hay en mi memoria que todavía duele.
Amén.

Escribe aquí lo que el silencio te dijo hoy:

DÍA 13

La noche oscura del alma

VERSÍCULO DEL DÍA

"Aunque ande en valle de sombra de muerte, no temeré mal alguno, porque tú estarás conmigo."

- Salmo 23:4 (RVR1960)

REFLEXIÓN

San Juan de la Cruz escribió sobre la noche oscura del alma en el siglo XVI, y lo que describió no era poesía abstracta. Era su propia experiencia: encarcelado por sus superiores religiosos, meses en un calabozo oscuro, sin libros, sin compañía espiritual.

La noche oscura no es simplemente sentirse triste o desanimado. Es una experiencia más profunda en que todo aquello que antes nos daba consuelo espiritual parece haberse apagado. La oración se siente vacía. La Biblia no habla. Los sentimientos de Dios, si los había, se fueron.

Si estás viviendo algo así, escúchame: no estás retrocediendo. Estás avanzando hacia un lugar donde la fe ya no depende de experiencias.

El Salmo 23 no dice que el valle de sombra no existe. Dice que Dios está ahí, en el valle, con el salmista. No mirando desde afuera. Caminando adentro.

La noche oscura tiene un propósito que solo se entiende al otro lado: purificar la fe de todo lo accesorio, hasta dejar solo lo que es real.

. . .

VOZ DEL CAMINO

"Para venir a lo que no sabes, has de ir por donde no sabes."

- San Juan de la Cruz, Subida del Monte Carmelo

Juan describía el camino espiritual como un camino hacia lo desconocido. No porque Dios sea inaccesible, sino porque la manera en que Él se revela supera todo lo que podemos anticipar. La oscuridad es parte del camino, no una desviación de él.

. . .

PRÁCTICA DE SILENCIO - 10 MIN

Hoy la práctica es de permanencia pura.

Siéntate diez minutos aunque no quieras. Aunque no sientas nada. Aunque parezca inútil.

No tienes que decir nada. Solo siéntate y di una vez, al principio:

Señor, estoy aquí aunque no te sienta. Tú prometiste que estarías. Confío en tu palabra aunque no en mis emociones.

Y luego permanece en silencio total.

. . .

PREGUNTA PARA EL ALMA

¿Puedes confiar en la presencia de Dios incluso cuando no la sientes? ¿Qué te costaría creerlo?

. . .

ORACIÓN DE CIERRE

Padre,
hay momentos en que la oscuridad no es metáfora.
Es la experiencia real de mi alma.
No entiendo por qué a veces te alejas del registro de mis sentidos.
Pero hoy elijo quedarme en el valle.
Y creer que tu vara y tu cayado
me dan seguridad aunque no los vea.
Eres el Dios que está en la oscuridad también.
Amén.

Escribe aquí lo que el silencio te dijo hoy:

DÍA 14

Elías bajo el árbol de retama

VERSÍCULO DEL DÍA

> *"Y él se fue por el desierto un día de camino, y vino y se sentó debajo de un árbol de retama; y deseando morirse, dijo: Basta ya, oh Jehová, quítame la vida."*
>
> *- 1 Reyes 19:4 (RVR1960)*

REFLEXIÓN

Elías acababa de vivir uno de los momentos más espectaculares de su vida profética. Debería estar en la cima. Y en cambio estaba bajo un árbol, exhausto, pidiéndole a Dios que lo dejara morir.

El agotamiento espiritual y emocional no sigue la lógica del éxito externo. Puedes haber tenido una semana de grandes victorias y aun así llegar al viernes completamente vacío.

Lo que Dios no hizo con Elías es significativo: no lo reprendió. No le dio un sermón sobre la fe. Lo dejó dormir. Y luego le envió comida.

Levántate y come, porque largo es el camino para ti.

A veces el cuidado espiritual más profundo se parece más a comer y dormir que a orar y ayunar. Dios cuida del cuerpo de Elías antes de hablarle al alma. No porque el alma no importe, sino porque Él entiende que somos seres completos.

Si estás exhausto, escucha lo que Dios le dijo a Elías: levántate y come. Cuídate. Y luego sigue.

. . .

VOZ DEL CAMINO

> *"El cansancio es también una oración, si lo llevamos al Señor."*
>
> *- Henri Nouwen*

Nouwen pasó gran parte de su vida luchando con el agotamiento. Y desde ese lugar escribió con una honestidad que llegó al corazón de millones. El cansancio no te descalifica. Te humaniza.

. . .

PRÁCTICA DE SILENCIO - 8 MIN

Hoy la práctica tiene una condición especial: hazla en posición recostada si puedes.

Esto no es una trampa para que te duermas. Es un recordatorio de que el descanso también es parte del camino.

Cierra los ojos. Respira. Y di solo esto:

Padre, estoy cansado. Y eso no me avergüenza ante ti.

Permite que esa verdad aterrice. Quédate ocho minutos en ese reposo.

. . .

PREGUNTA PARA EL ALMA

¿Estás cargando un agotamiento que no has admitido, ni ante ti mismo ni ante Dios?

. . .

ORACIÓN DE CIERRE

Señor,
como Elías bajo el árbol,
hay días en que no puedo más.
Nos enseñan a seguir adelante,
a no rendirse, a ser fuertes.
Pero hoy necesito que me des permiso para estar cansado.
No me reprendas.
Alimenta mi alma.
Y cuando sea tiempo,
tú mismo me dirás: levántate y come.
El camino es largo, pero no lo camino solo.
Amén.

Escribe aquí lo que el silencio te dijo hoy:

DÍA 15

No sentir no es no creer

VERSÍCULO DEL DÍA

> "*Porque por fe andamos, no por vista.*"
>
> *- 2 Corintios 5:7 (RVR1960)*

REFLEXIÓN

Uno de los malentendidos más comunes sobre la vida espiritual es que los sentimientos espirituales son evidencia de la presencia de Dios. Y su ausencia, evidencia de la ausencia de Dios.

Si eso fuera cierto, entonces la fe sería algo así como un termómetro emocional. Cuando se siente bien, Dios está cerca. Cuando no se siente nada, Dios se fue.

Pero Pablo lo dice con una claridad que corta: andamos por fe, no por vista. No por sensación. Por fe.

La fe que solo funciona cuando los sentimientos la confirman no es exactamente fe. Es más bien confianza en los sentimientos. Y los sentimientos son volátiles: cambian con el sueño, con el ciclo hormonal, con el estado del tiempo.

Dios no cambia. Los sentimientos sí.

La fe que el desierto forja es más sólida precisamente porque no depende de la experiencia. Es la fe que dice: creo porque Dios es fiel, no porque yo me sienta bien hoy.

...

VOZ DEL CAMINO

"La fe es el acto por el cual el alma se adhiere a Dios en la oscuridad."

- San Juan de la Cruz

Juan entendió que la fe más madura opera precisamente donde los sentimientos no alcanzan. No es insensibilidad. Es una confianza que va más profundo que lo que cualquier emoción puede registrar.

. . .

PRÁCTICA DE SILENCIO - 10 MIN

Hoy la práctica es un ejercicio de fe intencional.

Siéntate en silencio diez minutos. Y durante esos diez minutos, elige creer de manera deliberada, no basándote en cómo te sientes, sino en lo que sabes.

Puedes repetir suavemente:

Tú eres fiel aunque yo no lo sienta.

Tu amor por mí no depende de mi estado de ánimo.

Estás aquí porque lo prometiste, no porque lo sienta.

Esto es la fe en acción: elegir la verdad sobre la emoción.

. . .

PREGUNTA PARA EL ALMA

¿En qué área de tu vida estás confundiendo la ausencia de sentimientos con la ausencia de Dios?

. . .

ORACIÓN DE CIERRE

Padre,
confieso que a veces mido tu presencia
por cómo me siento.
Y cuando no me siento bien,
concluyo que te fuiste.
Hoy quiero aprender a caminar por fe y no por vista.
A confiar en tu Palabra más que en mis emociones.
A saber que tu fidelidad no fluctúa
aunque la mía sí lo haga.
Eres el mismo ayer, hoy y por los siglos.
Eso es lo que necesito recordar hoy.
Amén.

Escribe aquí lo que el silencio te dijo hoy:

DÍA 16

Permanecer aunque no entiendas

VERSÍCULO DEL DÍA

"Aunque él me matare, en él esperaré."

- Job 13:15 (RVR1960)

REFLEXIÓN

Job dijo algo que debería dejarnos sin palabras. En medio de la pérdida de sus hijos, de su salud, de todo lo que tenía, Job dijo: aunque él me matare, en él esperaré.

No hay lógica en esa frase. No hay cálculo de costo-beneficio. Es fe desnuda. Es permanencia sin ninguna garantía emocional o racional de que tiene sentido quedarse.

Estamos al final de la etapa del desierto. Y antes de pasar a la siguiente, quiero preguntarte: ¿has permanecido? ¿Seguiste aquí en los días que no tenían sabor?

Si lo hiciste, aunque haya habido días difíciles, eso es permanencia. No la permanencia perfecta del superhéroe espiritual, sino la permanencia real del ser humano que decide, una y otra vez, no irse.

El desierto no te destruyó. Y Dios estaba ahí todo el tiempo, aunque no lo sintieras.

Lo que viene ahora, la escucha, la sanación, el regreso, solo es posible para alguien que atravesó el desierto. Bienvenido al otro lado.

· · ·

VOZ DEL CAMINO

> *"El alma que ha pasado por la noche oscura emerge con una paz que el mundo no puede dar ni quitar."*
>
> *- Santa Teresa de Ávila*

Teresa conocía ambos lados del desierto. Decía que lo que se encuentra al otro lado no es solo alivio, sino una transformación que ninguna experiencia fácil podría haber producido.

. . .

PRÁCTICA DE SILENCIO - 10 MIN

Hoy la práctica es de gratitud por el desierto.

Antes de comenzar, escribe tres cosas que aprendiste o descubriste durante esta segunda semana.

Puede ser algo sobre ti mismo. Algo sobre Dios. Algo sobre tu fe. Algo sobre tu miedo.

Lleva esas tres cosas al silencio y di: Gracias por esto. No lo habría aprendido en ningún otro lugar.

. . .

PREGUNTA PARA EL ALMA

¿Qué aprendiste en el desierto que no hubieras aprendido en la comodidad?

. . .

ORACIÓN DE CIERRE

Señor,
no te voy a mentir diciéndote que el desierto fue fácil.
No lo fue.
Hubo días en que quise salir corriendo.
Días en que el silencio se sintió vacío.
Pero estoy aquí.
Y eso no fue solo mío.
Fuiste tú el que me sostuvo cuando yo quería soltarme.
Gracias por el desierto.
Gracias por lo que encontré ahí,
aun lo que no entiendo todavía.
Amén.

Escribe aquí lo que el silencio te dijo hoy:

ETAPA 3

LA ESCUCHA

Días 17-24

Aprender a reconocer cómo habla Dios

DÍA 17

Dios habla, pero no grita

VERSÍCULO DEL DÍA

"Y tras el fuego un silbo apacible y delicado. Y cuando lo oyó Elías, cubrió su rostro con su manto."

- 1 Reyes 19:12-13 (RVR1960)

REFLEXIÓN

Dios tuvo muchas opciones para hablarle a Elías. Podría haber elegido el viento poderoso que partía las montañas. O el terremoto. O el fuego. Eligió el silbo apacible y delicado.

La palabra en hebreo para ese sonido podría traducirse como la voz del silencio delgado. Es decir, Dios habló en un sonido que solo puede escucharse si ya estás en silencio.

Muchas personas me dicen: no escucho a Dios. Y cuando les pregunto cómo lo están buscando, resulta que están esperando algo espectacular. Una visión. Una voz audible. Y mientras esperan lo espectacular, Dios está susurrando en lo ordinario: en la frase de la Biblia que los detiene, en la conversación inesperada, en el momento de quietud que abre algo en el corazón.

Aprender a escuchar a Dios comienza por aprender a prestar atención a lo pequeño.

. . .

VOZ DEL CAMINO

"Dios no necesita grandes acciones de nuestra parte, sino solo humildad y gratitud."

- Hermano Lorenzo, La Práctica de la Presencia de Dios

El Hermano Lorenzo, un monje que pasó décadas lavando platos, descubrió a Dios en lo más ordinario. La presencia de Dios no requiere circunstancias extraordinarias, sino atención amorosa a lo que está.

...

PRÁCTICA DE SILENCIO - 10 MIN

Hoy la práctica es de atención.

Siéntate en silencio diez minutos. Y en esos diez minutos, simplemente escucha. No con esfuerzo. Con suavidad.

¿Hay alguna imagen, frase, impresión, emoción que aparece?

No la fuerces. No la descifres todavía. Solo nótala. Y di: Señor, ¿eres tú?

Al terminar, escribe lo que apareció.

...

PREGUNTA PARA EL ALMA

¿Hay algo pequeño y cotidiano que Dios haya usado recientemente para hablarte, y que quizás no reconociste como su voz?

...

ORACIÓN DE CIERRE

Padre,
enséñame a escuchar el silbo apacible.
A prestar atención a lo tenue,
a lo que pasa desapercibido si voy deprisa.
Yo quiero espectáculos.
Tú me ofreces presencia.
Hoy elijo la presencia.
Habla, Señor,
que tu siervo escucha.
Amén.

Escribe aquí lo que el silencio te dijo hoy:

DÍA 18

La Escritura como conversación viva

VERSÍCULO DEL DÍA

> *"Porque la palabra de Dios es viva y eficaz, y más cortante que toda espada de dos filos; y penetra hasta partir el alma y el espíritu, las coyunturas y los tuétanos, y discierne los pensamientos y las intenciones del corazón."*
>
> *- Hebreos 4:12 (RVR1960)*

REFLEXIÓN

Hay dos maneras de leer la Biblia. Una es leerla como un texto que contiene información sobre Dios. La otra es leerla como una carta de alguien que te quiere.

La primera manera produce conocimiento. La segunda produce encuentro.

He conocido personas que pueden citarte treinta versículos de memoria y sin embargo no saben qué decirle a Dios cuando están solos en la oscuridad a las tres de la mañana. El conocimiento sin encuentro se vuelve información académica.

La Biblia es un texto vivo. Cuando la lees con el corazón abierto, el Espíritu Santo que la inspiró sigue activo en ella. Una frase que pasaste cien veces de largo de repente se detiene en ti. Un versículo de pronto tiene un peso que no tenía.

Eso es la Escritura como conversación. Dios hablando a través de su Palabra al momento específico de tu vida.

. . .

VOZ DEL CAMINO

> *"Toma y lee, toma y lee."*
>
> *- San Agustín, Confesiones*

En el momento de su conversión, Agustín escuchó estas palabras como un llamado divino. Tomó la carta de Pablo y lo que leyó lo cambió para siempre. A veces la invitación de Dios llega en el idioma más simple.

. . .

PRÁCTICA DE SILENCIO - 12 MIN

Hoy practicamos Lectio Divina en su forma más simple.

Elige un versículo corto. Puedes usar el de hoy o cualquier otro.

Léelo cuatro veces, muy despacio:

Primera lectura: ¿Qué dice el texto?

Segunda lectura: ¿Qué palabra o frase te detiene?

Tercera lectura: ¿Qué te dice esa palabra a ti, en este momento?

Cuarta lectura: ¿Cómo quieres responderle a Dios?

Quédate en silencio dos o tres minutos al final, dejando que el texto repose en ti.

. . .

PREGUNTA PARA EL ALMA

¿Cuándo fue la última vez que la Biblia te habló de manera personal, y qué dijo?

...

ORACIÓN DE CIERRE

Señor de la Palabra,
gracias por habernos dado un texto que vive.
Que habla. Que corta. Que sana.
Hoy quiero leer la Biblia no para informarme
sino para encontrarte.
No para conocer sobre ti
sino para conocerte a ti.
Abre mis ojos para ver las maravillas de tu ley.
Amén.

Escribe aquí lo que el silencio te dijo hoy:

DÍA 19

Lectio Divina: leer con el corazón abierto

VERSÍCULO DEL DÍA

> *"¿No ardía nuestro corazón en nosotros, mientras nos hablaba en el camino, y cuando nos abría las Escrituras?"*
>
> *- Lucas 24:32 (RVR1960)*

REFLEXIÓN

Los discípulos de Emaús no reconocieron a Jesús con los ojos. Lo reconocieron con el corazón cuando les explicaba las Escrituras en el camino. Había algo en esa explicación que encendía algo dentro de ellos que no podían ignorar.

Ese ardor del corazón es exactamente lo que la Lectio Divina busca cultivar. No el entusiasmo emocional, que es temporal, sino ese reconocimiento profundo de que Dios está hablando.

La Lectio Divina tiene raíces en el siglo VI con San Benito. La palabra hebrea para meditar, hagah, se refiere a un murmullo suave, como si masticaras las palabras, como si las llevaras en la boca hasta que suelten todo su sabor.

No se trata de leer mucho. Se trata de leer profundo.

Hay una diferencia entre leer la Biblia y dejar que la Biblia te lea a ti.

...

VOZ DEL CAMINO

> *"No busques en la Escritura lo que ya sabes. Busca lo que todavía no has visto."*
>
> *- Orígenes de Alejandría*

Orígenes leía la Biblia como si cada texto tuviera capas de profundidad por descubrir. No una lectura para extraer información, sino para dejarse sorprender.

. . .

PRÁCTICA DE SILENCIO - 15 MIN

Hoy hacemos Lectio Divina completa. Reserva 15 minutos.

Elige este texto: El Señor es mi pastor; nada me faltará. (Salmo 23:1)

Paso 1 - LECTIO: Lee el versículo tres veces, muy despacio. Deja que una sola palabra se quede contigo.

Paso 2 - MEDITATIO: Repite esa palabra suavemente durante dos o tres minutos.

Paso 3 - ORATIO: Respóndele a Dios desde esa palabra.

Paso 4 - CONTEMPLATIO: Quédate en silencio tres o cuatro minutos. Solo descansa en la presencia de Dios.

. . .

PREGUNTA PARA EL ALMA

¿Hay una parte de la Biblia que siempre has leído rápido, que quizás Dios quiere que leas diferente?

. . .

ORACIÓN DE CIERRE

Señor,
como los discípulos de Emaús,
quiero que mi corazón arda cuando me explicas las Escrituras.
No quiero solo datos sobre ti.
Quiero encontrarte en la página.
Quiero que la Palabra me lea a mí
más de lo que yo la leo a ella.
Habla hoy. Estoy escuchando.
Amén.

Escribe aquí lo que el silencio te dijo hoy:

DÍA 20

María y el arte de guardar en el corazón

VERSÍCULO DEL DÍA

> *"María, por su parte, guardaba todas estas cosas, meditándolas en su corazón."*
>
> *- Lucas 2:19 (RVR1960)*

REFLEXIÓN

Hay una diferencia entre procesar y guardar. Procesar significa analizar, entender, resolver. Guardar significa sostener algo dentro de ti con cuidado, sin apresurarte a resolverlo.

María guardaba. Los pastores acababan de contarle cosas extraordinarias sobre su hijo recién nacido. Y María no intentó procesarlo todo de golpe. Lo guardó.

Esta actitud de María es una de las más profundas del evangelio: la disposición a sostener el misterio sin necesitar resolverlo.

Vivimos en una cultura que valora la rapidez de las respuestas. Pero algunas cosas de Dios no están diseñadas para ser resueltas. Están diseñadas para ser guardadas. Para madurar en el interior. Para revelarse en el tiempo de Dios, no en el tuyo.

El silencio te da el espacio para guardar. Para sostener preguntas sin respuesta. Y para confiar que lo que no entiendes hoy, algún día tendrá sentido.

VOZ DEL CAMINO

> *"Hay que aprender a esperar en Dios en vez de correr a resolver."*
>
> *- Thomas Merton*

Merton vivía en un monasterio donde el tiempo se medía diferente. Aprendió que la prisa espiritual es tan peligrosa como la pereza espiritual. Dios tiene tiempos que no son los nuestros.

...

PRÁCTICA DE SILENCIO - 10 MIN

Hoy la práctica es de guardar.

Antes de sentarte en silencio, escribe en un papel una pregunta que llevas tiempo cargando y que no tiene respuesta todavía.

Luego dobla el papel.

Siéntate en silencio diez minutos. Sostén el papel en las manos, doblado.

No tienes que resolver nada. Solo guarda la pregunta. Y di: Señor, sostengo esto contigo. No necesito entenderlo hoy.

...

PREGUNTA PARA EL ALMA

¿Hay algo que Dios ha puesto en tu vida que todavía no entiendes, y puedes aprender a guardarlo en lugar de resolverlo?

...

ORACIÓN DE CIERRE

Señor,
hay cosas en mi vida que no entiendo.
Preguntas sin respuesta.
Experiencias que no tienen nombre todavía.
Promesas tuyas que espero y no llegan aún.
Hoy no te pido que me expliques.
Te pido que me enseñes a guardar.
A sostener el misterio contigo
sin necesitar resolverlo todo.
Tú sabes lo que estás haciendo.
Confío en eso.
Amén.

Escribe aquí lo que el silencio te dijo hoy:

DÍA 21

La oración sin palabras

VERSÍCULO DEL DÍA

"Y de igual manera el Espíritu nos ayuda en nuestra debilidad; pues qué hemos de pedir como conviene, no lo sabemos, pero el Espíritu mismo intercede por nosotros con gemidos indecibles."

- Romanos 8:26 (RVR1960)

REFLEXIÓN

Hay momentos en la vida en que no tienes palabras para orar. No porque no quieras. Sino porque lo que sientes o lo que necesitas va más allá de lo que el lenguaje puede contener.

Pablo tiene buenas noticias para esos momentos: no tienes que encontrar las palabras. El Espíritu Santo ora por ti con gemidos que no pueden expresarse con palabras.

La oración contemplativa, la oración sin palabras, no es una práctica ajena a la fe cristiana. Es una de las formas más antiguas de oración cristiana. Los Padres del Desierto la practicaban. Teresa de Ávila la describía como la oración más alta.

En esta forma de oración, no llevas una agenda. No preparas un discurso. Solo te presentas ante Dios. Abres tu interior. Y dejas que el Espíritu haga lo que tú no puedes hacer.

No tienes que producir nada. Solo estar presente.

...

VOZ DEL CAMINO

"La oración contemplativa no es hacer nada. Es dejar que Dios haga todo."

- Thomas Merton, La Oración Contemplativa

Merton decía que el mayor obstáculo no era la falta de fe sino la necesidad de controlar, de producir, de demostrar que estamos orando bien. La contemplación suelta ese control.

. . .

PRÁCTICA DE SILENCIO - 12 MIN

Hoy practicamos oración sin palabras.

Siéntate cómodamente. Cierra los ojos. Respira despacio.

Elige una sola palabra como punto de anclaje: Jesús, Padre, amor, ven.

Cuando tu mente divague, vuelve a esa palabra suavemente. No como esfuerzo, sino como retorno gentil.

No hay meta que alcanzar. No hay experiencia que lograr. Solo preséntate. El Espíritu hace el resto.

Doce minutos.

. . .

PREGUNTA PARA EL ALMA

¿Puedes confiar en que el Espíritu ora por ti incluso cuando tú no tienes palabras?

. . .

ORACIÓN DE CIERRE

Espíritu Santo,
hoy no tengo palabras.
O las que tengo no alcanzan.
Te entrego el espacio que hay entre lo que quiero decirte
y lo que soy capaz de decir.
Ora tú.
Gime tú si es necesario.
Intercede por mí de maneras que yo no puedo.
Yo solo me presento.
Tú haces el resto.
Amén.

Escribe aquí lo que el silencio te dijo hoy:

DÍA 22

Cuando Dios habla por los demás

VERSÍCULO DEL DÍA

"Como el hierro afila al hierro, así un amigo afila a otro."

- Proverbios 27:17 (NTV)

REFLEXIÓN

Hasta ahora hemos hablado mucho del silencio interior, del encuentro personal con Dios. Pero hay una forma en que Dios habla que no siempre tomamos en cuenta: habla por los demás.

No en el sentido de que todos los consejos que te dan son palabra de Dios. Pero sí en el sentido de que a veces Dios usa a una persona concreta, en un momento concreto, para decirte exactamente lo que necesitas escuchar.

Ha habido momentos en mi vida en que alguien dijo algo que no tenía manera de saber que necesitaba escuchar. Momentos en que las palabras de otro fueron tan precisas que no podían ser casualidad.

Pero para escuchar a Dios en los demás, se necesita silencio interior. Si vas a las conversaciones ya lleno de lo que quieres decir, no hay espacio para escuchar lo que el otro tiene que decirte.

La escucha profunda de los demás es también una forma de espiritualidad.

VOZ DEL CAMINO

"El otro es el camino hacia Dios."

- Emmanuel Levinas

Levinas articuló algo que los contemplativos cristianos siempre supieron: el rostro del otro nos pone ante una realidad que trasciende lo ordinario. En el amor al prójimo hay una dimensión del amor a Dios que ningún retiro en soledad puede reemplazar.

...

PRÁCTICA DE SILENCIO - 10 MIN

Hoy la práctica no es en soledad.

Elige una persona con quien hablar hoy. Y en esa conversación, practica escucharla de verdad. Sin preparar tu respuesta mientras habla. Sin interrumpir.

Antes de la conversación, di en tu corazón: Señor, ¿hay algo que quieres decirme a través de esta persona?

Después, siéntate cinco minutos en silencio y reflexiona: ¿hubo algo ahí?

...

PREGUNTA PARA EL ALMA

¿A quién en tu vida podría estar Dios usando para hablarte, y estás escuchando?

...

ORACIÓN DE CIERRE

Padre,
gracias por hablar también a través de otros.
Perdóname cuando estoy tan lleno de lo mío
que no tengo espacio para escuchar a nadie más.
Hoy quiero escuchar con oídos abiertos.
Tratar a los demás como posibles portadores de tu palabra.
Amén.

Escribe aquí lo que el silencio te dijo hoy:

DÍA 23

Distinguir voces: la de Dios, la mía, la del miedo

VERSÍCULO DEL DÍA

> *"Mis ovejas oyen mi voz, y yo las conozco, y me siguen."*
>
> *- Juan 10:27 (RVR1960)*

REFLEXIÓN

Una de las preguntas más frecuentes en un camino espiritual serio es: ¿cómo sé si lo que escucho es Dios, o si soy yo mismo? ¿Cómo distingo la voz de Dios de mis propios deseos, de mis miedos?

Es una pregunta legítima. Y la honestidad obliga a decir: no siempre es fácil. El discernimiento espiritual es una habilidad que se desarrolla con el tiempo, con la práctica, con el error honesto.

Pero hay algunas pistas que la tradición espiritual cristiana ha identificado. La voz de Dios suele llevar paz, no urgencia agitada. Convoca, no presiona. Mueve hacia el amor, no hacia el miedo. Confirma lo que la Escritura dice. Produce humildad, no arrogancia.

La voz del miedo, en cambio, suele ser urgente, catastrófica, cerrada. La voz del ego propio tiende a confirmar lo que ya querías creer.

Aprender a distinguir voces no es una ciencia exacta. Es una práctica comunitaria y personal.

. . .

VOZ DEL CAMINO

> *"El espíritu de Dios siempre trae paz; el espíritu del mal siempre trae agitación."*
>
> *- San Ignacio de Loyola, Reglas de Discernimiento*

Ignacio desarrolló un sistema de discernimiento espiritual que la Iglesia ha usado por siglos. La consolación verdadera viene de Dios y lleva a él; la desolación que paraliza no viene de Dios aunque use lenguaje espiritual.

. . .

PRÁCTICA DE SILENCIO - 12 MIN

Hoy la práctica es de discernimiento.

Siéntate en silencio. Piensa en una decisión o una pregunta que llevas en el corazón.

Imagina que escuchas una voz diciéndote algo. Luego pregúntate:

¿Esta voz me convoca o me presiona?

¿Me lleva hacia el amor o hacia el miedo?

¿Me produce paz o agitación?

¿Confirma lo que la Escritura dice?

No tienes que tomar ninguna decisión hoy. Solo practica notar.

. . .

PREGUNTA PARA EL ALMA

¿Hay una voz en tu vida que crees que podría ser Dios pero no estás seguro? ¿Cómo la distinguirías?

...

ORACIÓN DE CIERRE

Buen Pastor,
tú dijiste que tus ovejas conocen tu voz.
Yo quiero conocerla.
Hay tantas voces dentro y fuera de mí.
Ayúdame a discernir la tuya.
Dame oídos entrenados.
Dame paz cuando hables tú.
Y dame valentía para seguirte
cuando reconozca que eres tú.
Amén.

Escribe aquí lo que el silencio te dijo hoy:

DÍA 24

El silencio ya no es vacío

VERSÍCULO DEL DÍA

> *"Me mostrarás la senda de la vida; en tu presencia hay plenitud de gozo; delicias a tu diestra para siempre."*
>
> *- Salmo 16:11 (RVR1960)*

REFLEXIÓN

¿Recuerdas el primer día de este viaje? El silencio probablemente se sentía como algo que llenar, algo que aguantar, algo incómodo.

Hoy termina la tercera etapa. ¿Sigue sintiéndose igual?

Para muchas personas que atraviesan este proceso, algo cambia en la relación con el silencio. El silencio que antes era amenaza se convierte en espacio. El silencio que antes era vacío empieza a sentirse lleno de algo que no puedes describir exactamente pero que reconoces.

Eso es la presencia de Dios en el silencio. No como un sentimiento que viene y va, sino como una realidad que has aprendido a habitar.

El silencio no era vacío. Era el espacio donde Dios te esperaba.

VOZ DEL CAMINO

"Has hecho nuestro corazón para ti, y no descansa hasta que repose en ti."

- San Agustín, Confesiones

Agustín pone esta frase al principio de sus Confesiones, no al final. Porque es el fundamento de todo lo que sigue: el descanso que el alma busca tiene un nombre, y ese nombre es Dios.

. . .

PRÁCTICA DE SILENCIO - 15 MIN

Hoy la práctica es más larga porque cerramos una etapa.

Siéntate en el lugar que has usado más frecuentemente para tus momentos de silencio en estos días.

Pasa los primeros cinco minutos recordando el camino recorrido. Sin juzgarlo. Solo mirándolo.

Luego, los siguientes diez minutos, quédate en silencio. Sin práctica específica. Solo estar presente con Dios.

Al final, di una palabra que describa dónde estás hoy comparado con donde empezaste.

. . .

PREGUNTA PARA EL ALMA

¿En qué ha cambiado tu relación con el silencio desde que empezaste este viaje?

. . .

ORACIÓN DE CIERRE

Señor,
cuando empecé esto el silencio me asustaba.
No sabía qué encontraría ahí.
Hoy sé un poco más.
Sé que lo que hay en el silencio es tu presencia.
No siempre la siento. Pero creo que está.
Gracias por haberme esperado ahí.
Gracias por la paciencia con la que enseñas.
Gracias por este viaje que todavía no termina.
Sigo contigo.
Amén.

Escribe aquí lo que el silencio te dijo hoy:

ETAPA 4

LA SANACIÓN

Días 25-32

Dejar que Dios toque lo que duele

DÍA 25

Lo que el silencio desentierra

VERSÍCULO DEL DÍA

"Examíname, oh Dios, y conoce mi corazón; pruébame y conoce mis pensamientos; y ve si hay en mí camino de perversidad, y guíame en el camino eterno."

- Salmo 139:23-24 (RVR1960)

REFLEXIÓN

Hay algo que el silencio hace que ninguna conversación, ningún libro, ningún sermón puede hacer de la misma manera: desentierra.

Cuando te quedas quieto el tiempo suficiente, aparecen cosas. Cosas que no sabías que estaban ahí. Heridas que creías sanadas y que, al tocarlas suavemente, todavía duelen.

El salmista lo pide directamente: examíname, Dios. Conoce mis pensamientos. No los que quiero mostrar. Los que realmente están ahí.

Esta es una de las oraciones más valientes de la Biblia. Porque pedir a Dios que te examine es invitarlo a que vea lo que preferirías que no viera.

Entramos ahora a la etapa de la sanación. Y para sanar hay que primero nombrar. Lo que no se nombra no se sana.

...

VOZ DEL CAMINO

"El primer paso hacia la curación es el coraje de mirar."

- Henri Nouwen

Nouwen siempre decía que la sanación no comienza con la respuesta de Dios. Comienza con nuestra honestidad para mirar lo que hay.

...

PRÁCTICA DE SILENCIO - 12 MIN

Hoy la práctica requiere papel y pluma.

Siéntate en silencio cinco minutos primero. Deja que la quietud llegue.

Luego, escribe libremente durante siete minutos respondiendo esta pregunta:

¿Qué hay en mí que el silencio de estas semanas ha sacado a la superficie?

No edites. Solo escribe lo que aparece. Al final di: Señor, esto que salió, te lo entrego.

...

PREGUNTA PARA EL ALMA

¿Qué ha desenterrado el silencio en ti que todavía no le has presentado a Dios?

...

ORACIÓN DE CIERRE

Padre,
examíname.
Sé lo que hay en mí que no está bien.
Y tú lo sabes también.
Hoy no quiero esconderlo.
Quiero traerlo a la luz.
No para condenarme,
sino para que puedas sanar
lo que yo no puedo sanar solo.
Amén.

Escribe aquí lo que el silencio te dijo hoy:

DÍA 26

La culpa que no suelta

VERSÍCULO DEL DÍA

"Si confesamos nuestros pecados, él es fiel y justo para perdonar nuestros pecados, y limpiarnos de toda maldad."

- 1 Juan 1:9 (RVR1960)

REFLEXIÓN

Hay una diferencia entre la culpa que sana y la culpa que destruye. La primera te señala algo que necesita corrección y te lleva al arrepentimiento y a la gracia. La segunda te ata, te define, te hace creer que lo que hiciste es lo que eres.

Muchas personas cargan durante años, décadas incluso, cosas que Dios ya perdonó. Las siguen cargando no porque Dios no quiera perdonarlas, sino porque ellas mismas no pueden aceptar que el perdón es real.

La promesa de 1 Juan es absoluta: si confesamos, Él perdona. No si nos castigamos lo suficiente. No si lo merecemos. Si confesamos.

Y lo que Él hace no es solo perdonar. Es limpiar. Borrar. Hacer nuevo. No mantenerlo en un archivo que podría sacarse en otro momento.

. . .

VOZ DEL CAMINO

"La misericordia de Dios es más grande que nuestra miseria."

- Santa Faustina Kowalska, Diario

Faustina escribió que el obstáculo no es Dios sino la desconfianza del alma en su misericordia. Jesús le decía: el obstáculo no soy yo. El obstáculo es tu desconfianza.

...

PRÁCTICA DE SILENCIO - 10 MIN

Hoy la práctica es de liberación.

Siéntate en silencio. Cierra los ojos.

Trae a la mente algo que cargas con culpa, algo que ya pediste perdón pero no terminas de soltar.

Imagina que lo pones frente a Jesús. Como un objeto en el suelo entre los dos.

Y escucha, desde la Palabra: Ya está pagado. Ya está limpio. No tienes que seguir cargándolo.

Si puedes aceptarlo, di: Recibo tu perdón.

...

PREGUNTA PARA EL ALMA

¿Hay algo que ya le pediste perdón a Dios pero que no te has perdonado a ti mismo? ¿Por qué?

...

ORACIÓN DE CIERRE

Señor,
confieso que a veces actúo como si tu perdón no fuera suficiente.
Como si necesitara agregar mi propio castigo para que sea real.
Hoy quiero creer lo que dijiste:
que si confieso, perdonas.
Que limpias. Que haces nuevo.
Recibo tu perdón.
No a medias. Completo.
Amén.

Escribe aquí lo que el silencio te dijo hoy:

DÍA 27

El rencor que vive en silencio

VERSÍCULO DEL DÍA

> *"Quítense de vosotros toda amargura, enojo, ira, gritería y maledicencia, y toda malicia. Antes sed benignos unos con otros, misericordiosos, perdonándoos unos a otros, como Dios también os perdonó en Cristo."*
>
> *- Efesios 4:31-32 (RVR1960)*

REFLEXIÓN

Hay una forma de rencor que es muy silenciosa. No grita. No hace escenas. Simplemente vive dentro de ti como un inquilino que nunca paga renta, que ocupa espacio, consume energía y se niega a irse.

Puedes reconocerlo en momentos pequeños: cuando alguien menciona su nombre y algo en ti se tensa. Cuando oras y llegas a cierto punto y hay una pared, y al otro lado de la pared, si fueras honesto, está esa cara.

El perdón cristiano no es fingir que lo que pasó no pasó. No es decir estuvo bien lo que hiciste. No es volver a ponerte en una situación donde puedas hacerte daño. Y definitivamente no es algo que puedas hacer con pura fuerza de voluntad.

El perdón es más parecido a un proceso de curación que a un acto. Es dejar ir una carga, no aprobar una conducta.

El rencor que guardas no le hace nada a quien te lastimó. Solo te hace daño a ti. Ocupa en ti el espacio que podría estar lleno de otra cosa.

. . .

VOZ DEL CAMINO

> *"El perdón no cambia el pasado, pero sí cambia el futuro."*
>
> *- Thomas Merton*

Merton tenía razón, aunque diría más: el perdón te cambia a ti. El pasado seguirá siendo lo que fue. Pero algo en tu interior se mueve. Como cuando una llave entra en una cerradura que llevaba tiempo atascada.

. . .

PRÁCTICA DE SILENCIO - 12 MIN

Esta práctica requiere valentía. Hazla solo si te sientes listo.

Siéntate en silencio. Cierra los ojos. Respira profundo tres veces.

Pide al Espíritu Santo que esté presente: Espíritu Santo, acompáñame en esto. No puedo hacerlo solo.

Deja que aparezca el nombre o la imagen de la persona que cargas.

Di en tu mente, dirigiéndote a Dios:

Padre, sabes lo que esta persona me hizo. Y sabes lo que eso me costó. Pero hoy te entrego el rencor. No a ella todavía. Solo el rencor. Llévalo tú.

Quédate en silencio unos minutos después.

. . .

PREGUNTA PARA EL ALMA

¿A quién estás cargando en el sótano de tu corazón, y cuánto espacio te está ocupando que podría ser de otra cosa?

. . .

ORACIÓN DE CIERRE

Padre,
hay alguien que cargo
y que probablemente ni sabe que lo cargo.
Tú sí sabes lo que pasó.
Sí sabes cuánto dolió.
Y no voy a minimizarlo aquí.
Pero también sé que este peso que cargo
no me lo pusiste tú.
Hoy no te pido que me des amor por esa persona.
Eso todavía no está en mí.
Solo te pido que tomes el veneno que he estado bebiendo
y que en su lugar pongas algo distinto.
Empieza tú,
que yo te sigo.
Amén.

Escribe aquí lo que el silencio te dijo hoy:

DÍA 28

Perdonarte a ti mismo

VERSÍCULO DEL DÍA

"Por lo tanto, ya no hay ninguna condenación para los que pertenecen a Cristo Jesús."

- Romanos 8:1 (NTV)

REFLEXIÓN

Para algunas personas, perdonar a otros es más fácil que perdonarse a sí mismas. Pueden extender gracia a los demás con relativa facilidad, pero cuando se trata de sus propios errores, son implacables.

La incapacidad de perdonarte a ti mismo, aunque parezca humildad, a veces es una forma sutil de orgullo. Es como decir: yo tengo un estándar que incluso la gracia de Dios no puede alcanzar.

Pablo es absolutamente categórico: no hay ninguna condenación para los que están en Cristo Jesús. Ninguna. No una condenación reducida. Ninguna.

Perdonarte a ti mismo no significa trivializar lo que hiciste. Significa recibir lo que Cristo ya pagó. Significa no añadir tu propia condena a lo que la cruz ya resolvió.

Eso no te hace impune. Te hace libre.

...

VOZ DEL CAMINO

"No te pidas más de lo que Dios te pide."

- San Francisco de Sales

Francisco de Sales entendía que muchas personas espirituales se destruyen a sí mismas con exigencias que van más allá de lo que Dios mismo pide. La santidad no es perfección autoimpuesta. Es receptividad a la gracia.

. . .

PRÁCTICA DE SILENCIO - 10 MIN

Hoy la práctica es de recepción.

Siéntate en silencio. Cierra los ojos.

Imagina que estás de pie ante Jesús. Y que Él pone sus manos sobre tu cabeza. No para juzgarte. Para bendecirte.

Escucha, desde su boca, estas palabras: No hay condenación para ti. Estás libre.

No tienes que creerlo del todo todavía. Pero sí tienes que dejar que esas palabras lleguen. No las desvíes. Recíbelas, aunque sea con dificultad.

. . .

PREGUNTA PARA EL ALMA

¿Con qué error tuyo te resulta más difícil hacer las paces, y qué te impide recibir el perdón de Dios al respecto?

. . .

ORACIÓN DE CIERRE

Señor,
me resulta más fácil creer
que perdonas a otros
que creer que me perdonas a mí.
Hoy quiero romper ese patrón.
Quiero recibir lo que pagaste.
No a medias, no con un pie afuera.
Declaro que no hay condenación para mí.
No porque lo merezca.
Sino porque tú lo dijiste.
Amén.

Escribe aquí lo que el silencio te dijo hoy:

DÍA 29

Los silencios tóxicos en las relaciones

VERSÍCULO DEL DÍA

> *"Por lo cual, desechando la mentira, hablad verdad cada uno con su prójimo; porque somos miembros los unos de los otros."*
>
> *- Efesios 4:25 (RVR1960)*

REFLEXIÓN

No todo silencio es bueno. Hay silencios que sanan y silencios que lastiman. Los silencios contemplativos que hemos explorado en este viaje son un tipo. Pero hay otro tipo, el silencio en las relaciones, que puede ser profundamente tóxico.

Es el silencio que viene después de un conflicto no resuelto. El silencio de la persona que decidió dejar de hablar porque hablar duele. El silencio de años de distancia con alguien cercano.

Hay silencios entre padres e hijos que duran décadas. Silencios entre cónyuges que llenan la casa con una quietud que no es paz sino indiferencia.

El silencio contemplativo que has aprendido puede darte la valentía para romper los silencios que no deben durar. Porque desde ese lugar interior de quietud, puedes hablar desde el amor en lugar de desde la herida.

¿Hay alguna conversación que has estado posponiendo? ¿Alguien con quien la distancia ha durado demasiado?

. . .

VOZ DEL CAMINO

> *"El amor no puede vivir en el silencio de la indiferencia."*
>
> *- Santa Teresa de Ávila*

Teresa sabía que las relaciones genuinas requieren comunicación honesta. El silencio que nace del miedo o del orgullo separa. El silencio que nace del amor une.

. . .

PRÁCTICA DE SILENCIO - 10 MIN

Hoy la práctica es de preparación.

Siéntate en silencio diez minutos. Piensa en una relación donde hay un silencio que no debería seguir.

No tienes que actuar hoy. Pero sí pregúntate:

¿Qué es lo que más temo de romper ese silencio?

¿Qué podría ganar si lo rompiera?

¿Qué necesitaría pedirle a Dios para tener el valor de hacerlo?

. . .

PREGUNTA PARA EL ALMA

¿Hay un silencio relacional en tu vida que ha durado más de lo que debería, y qué te ha impedido romperlo?

. . .

ORACIÓN DE CIERRE

Señor,
hay personas con quienes la distancia se ha instalado como si fuera permanente.
Dame el valor para romper los silencios que dañan.
Para decir lo que he callado por miedo.
Para escuchar lo que el otro también ha callado.
Haz que el silencio que aprendí contigo
me dé las palabras correctas para los momentos que importan.
Amén.

Escribe aquí lo que el silencio te dijo hoy:

DÍA 30

Duelo: el dolor que merece nombre

VERSÍCULO DEL DÍA

> *"Bienaventurados los que lloran, porque ellos recibirán consolación."*
>
> *- Mateo 5:4 (RVR1960)*

REFLEXIÓN

Vivimos en una cultura que tiene muy poca paciencia con el duelo. Tres días de licencia por fallecimiento. Ya pasaron seis meses, ¿todavía no lo has superado? Todas esas frases transmiten el mismo mensaje: el dolor tiene fecha de vencimiento.

Pero Jesús no dijo que los que lloran serán silenciados. Dijo que serán consolados. Hay una diferencia enorme entre consolar y callar.

El duelo no es solo la pérdida de una persona. Es la pérdida de cualquier cosa que amabas: una relación, un sueño, una versión de ti mismo, una esperanza que sostenías.

El silencio que has aprendido puede ser un espacio de duelo. Un lugar donde puedes llorar con Dios sin tener que apresurarte.

Dios no tiene prisa con tu duelo. Él llora con quienes lloran.

...

VOZ DEL CAMINO

> *"Solo puedo sanar aquello que primero me permito sentir."*
>
> *- Henri Nouwen*

Nouwen era un hombre que lloró mucho, y lo hacía sin vergüenza. Entendía que el dolor no nombrado no desaparece. Solo se disfraza. La valentía de sentir es el primer paso de la sanación.

...

PRÁCTICA DE SILENCIO - 12 MIN

Hoy la práctica es de permiso.

Siéntate en silencio. Cierra los ojos.

Date permiso para sentir lo que hayas estado evitando sentir.

No tienes que producir lágrimas. Solo quita la guardia por doce minutos.

Y di: Señor, me permito sentir esto. Y te permito consolarme en esto.

Si vienen lágrimas, déjalas. Si no vienen, también está bien.

...

PREGUNTA PARA EL ALMA

¿Hay algo que has perdido en tu vida que todavía no has tenido el espacio para llorar?

...

ORACIÓN DE CIERRE

Padre,
hay pérdidas que llevo
que todavía no he llorado como merecen.
Dame el permiso que a veces no me doy a mí mismo:
el permiso de extrañar, de llorar, de dolerme.
Y mientras lloro,
sé tú el Consolador que prometiste ser.
No el que me apresura.
El que se sienta conmigo en el dolor
hasta que estoy listo para levantarme.
Amén.

Escribe aquí lo que el silencio te dijo hoy:

DÍA 31

La vergüenza y la voz que dice 'tú también eres mío'

VERSÍCULO DEL DÍA

> *"No temas, porque no serás avergonzada; no te turbes, porque no serás afrentada."*
>
> *- Isaías 54:4 (RVR1960)*

REFLEXIÓN

La vergüenza es diferente a la culpa. La culpa dice: hice algo malo. La vergüenza dice: soy algo malo. La culpa se refiere a una acción. La vergüenza se refiere a la identidad.

Y la vergüenza es una de las experiencias más destructivas que puede vivir un ser humano. El miedo de que si alguien te viera realmente, tal como eres, se alejaría.

Muchas personas cargan vergüenza que no es suya. La vergüenza que alguien más les puso encima cuando eran pequeños. La vergüenza de haber sido heridos, de haber fallado en algo que los demás consideran fundamental.

Dios le dice a Israel, en uno de los momentos más tiernos de Isaías: no temas la vergüenza. Él los reclama. Esa misma voz habla a tu vergüenza hoy: no te desampararé. Eres mío.

El silencio puede ser el lugar donde escuchas esa voz por primera vez, o donde la escuchas lo suficiente para empezar a creerla.

· · ·

VOZ DEL CAMINO

> *"Dios me ama tal como soy, no como debería ser."*
>
> *- Brennan Manning, El Evangelio de los Andrajosos*

Manning, que luchó con el alcoholismo y la vergüenza toda su vida, encontró en la gracia de Dios algo que ninguna otra voz podía darle. El evangelio no es para los que lo merecen sino para los que lo necesitan.

...

PRÁCTICA DE SILENCIO - 10 MIN

Hoy la práctica es de identidad.

Siéntate en silencio. Cierra los ojos.

Trae a la mente algo de lo que te avergüenzas.

Y escucha, desde la Escritura que conoces, la voz de Dios diciéndote: Eso no es lo que eres para mí. Tú eres mío. Punto.

Puedes repetir suavemente: Soy amado. Soy de Él. La vergüenza no me define.

...

PREGUNTA PARA EL ALMA

¿Hay alguna vergüenza que llevas que te ha hecho sentir indigno del amor de Dios o de los demás?

...

ORACIÓN DE CIERRE

Señor,
hay partes de mí de las que me avergüenzo.
Cosas que hice. Cosas que me hicieron.
Hoy quiero escuchar tu voz sobre esas cosas.
No la voz de la vergüenza.
Tu voz.
Di sobre mí lo que es verdad:
que soy tuyo.
Que la vergüenza no tiene la última palabra.
Que tu amor llega hasta las partes de mí que no puedo mostrar.
Amén.

Escribe aquí lo que el silencio te dijo hoy:

DÍA 32

Entregar lo que ya no puedes cargar

VERSÍCULO DEL DÍA

> *"Echad toda vuestra ansiedad sobre él, porque él tiene cuidado de vosotros."*
>
> *- 1 Pedro 5:7 (RVR1960)*

REFLEXIÓN

Llegamos al final de la etapa de la sanación. Han aparecido cosas que quizás no esperabas. Culpa, rencor, duelo, vergüenza. Capas de lo que somos que el silencio fue desenterrando.

Y ahora, antes de pasar a la última etapa, hay una invitación: entrega lo que ya no puedes cargar.

Pedro usa una imagen física: echar. No poner suavemente. Echar. Como quien lanza algo con fuerza porque ya no puede sostenerlo más.

Dios tiene cuidado de ti. Esa frase, pequeña y simple, contiene algo inmenso: Él no te pide que cargues solo. Está involucrado. Está atento.

Hoy no tienes que resolver nada. Solo tienes que echar. Lanzar hacia Él lo que ya no puedes. Y confiar que lo recibe.

. . .

VOZ DEL CAMINO

"Deja de cargar lo que Dios ya cargó."

- Henri Nouwen

Nouwen decía que uno de los problemas espirituales más comunes es insistir en cargar lo que ya fue depositado en la cruz. No por olvido, sino por una desconfianza sutil de que la cruz fue suficiente.

. . .

PRÁCTICA DE SILENCIO - 12 MIN

Hoy la práctica es simbólica.

Antes de comenzar, toma un papel y escribe en él las cosas que sientes que ya no puedes cargar.

Luego, siéntate en silencio con el papel en las manos.

Cuando sientas que es el momento, levanta las manos con el papel, como si se lo estuvieras entregando físicamente a Dios, y di: Lo suelto. No puedo cargarlo. Tómalo tú.

Puedes guardar el papel o romperlo.

. . .

PREGUNTA PARA EL ALMA

¿Qué es lo que más trabajo te cuesta soltar, y qué dice eso sobre lo que más necesitas confiar en Dios?

. . .

ORACIÓN DE CIERRE

Padre,
aquí está lo que ya no puedo cargar.
No lo estoy poniendo suavemente.
Lo estoy echando hacia ti con las dos manos.
Tú dijiste que tienes cuidado de mí.
Hoy decido creer eso.
No porque lo entienda todo,
sino porque ya no me queda otra.
Recíbelo.
Amén.

Escribe aquí lo que el silencio te dijo hoy:

ETAPA 5

EL REGRESO

Días 33-40

Volver al mundo con una voz nueva

DÍA 33

Salir del desierto sin prisa

VERSÍCULO DEL DÍA

> *"Porque no saldréis apresurados, ni iréis en huida; porque Jehová irá delante de vosotros, y vuestra retaguardia será el Dios de Israel."*
>
> *- Isaías 52:12 (RVR1960)*

REFLEXIÓN

Cuando alguien pasa un tiempo largo de silencio y transformación interior, existe una tentación al final del proceso: volver al mundo lo más rápido posible, como si todo lo aprendido pudiera trasladarse instantáneamente.

Isaías describe el regreso del pueblo de Israel del cautiverio babilónico y dice algo sorprendente: no saldréis apresurados. Dios mismo irá adelante y también detrás. La imagen es de un regreso digno, sin pánico.

Después de treinta y dos días de trabajo interior, el regreso a tu vida habitual merece el mismo cuidado.

Los frutos de este viaje no se instalan de golpe. Se instalan lentamente, en la práctica cotidiana, en los momentos en que tienes que elegir entre el ruido y el silencio.

No regreses con prisa. Regresa con conciencia. Lleva lo que has aprendido como quien lleva agua en las manos: con cuidado, sabiendo que puede derramarse si no tienes atención.

VOZ DEL CAMINO

> *"No basta con haber tenido la experiencia. Hay que saber habitarla."*
>
> *- Thomas Merton*

Merton hablaba de la diferencia entre una experiencia espiritual y una vida espiritual. Las experiencias pasan. Una vida se construye, se habita, se sostiene en lo cotidiano.

. . .

PRÁCTICA DE SILENCIO - 12 MIN

Hoy la práctica es de intención.

Siéntate en silencio doce minutos. Y en ese tiempo, imagina tu vida cotidiana: tu trabajo, tu familia, tus relaciones, tus rutinas.

Imagina que regresas a esos espacios diferente. No dramáticamente diferente. Solo un grado. Un poco más presente. Un poco menos reactivo. Un poco más consciente de la presencia de Dios.

¿Cómo se vería ese regreso?

. . .

PREGUNTA PARA EL ALMA

¿Qué es lo más concreto que quieres llevar de este viaje a tu vida diaria?

. . .

ORACIÓN DE CIERRE

Padre,
regresar no siempre es fácil.
El mundo no cambia porque yo haya cambiado.
Pero hoy quiero regresar diferente.
No apresuradamente.
No con las manos vacías.
Toma lo que aprendí aquí
y hazlo raíz, no solo recuerdo.
Amén.

Escribe aquí lo que el silencio te dijo hoy:

DÍA 34

Hablar desde un lugar diferente

VERSÍCULO DEL DÍA

"Sea vuestra palabra siempre con gracia, sazonada con sal, para que sepáis cómo debéis responder a cada uno."

- Colosenses 4:6 (RVR1960)

REFLEXIÓN

Una de las transformaciones más notables que produce el silencio prolongado es un cambio en la manera de hablar. No que hablas menos, necesariamente. Sino que hablas desde un lugar diferente.

Antes del silencio, muchas palabras salen de la reactividad: respondemos rápido, desde la emoción del momento, desde la herida que no hemos procesado.

Después del silencio, hay un espacio entre el estímulo y la respuesta. Ese espacio es donde vive la libertad. Donde puedes elegir si lo que vas a decir es necesario, si es verdadero, si es el momento correcto.

Pablo habla de palabras sazonadas con sal. En el mundo antiguo, la sal era el condimento más valioso y también el preservante. Las palabras sazonadas con sal son las que conservan, las que nutren, las que saben a algo.

Cuarenta días de cultivar el silencio no te vuelven perfecto en esto. Pero sí te dan acceso a ese espacio entre el estímulo y la respuesta.

VOZ DEL CAMINO

> *"Habla solo cuando tus palabras sean más hermosas que el silencio."*
>
> *- Proverbio Sufi, citado por Thomas Keating*

Este proverbio no dice que nunca hables. Dice que el silencio es el estándar contra el que mides si vale la pena abrir la boca. Muchas veces sí vale. Muchas otras, el silencio es la respuesta más sabia.

...

PRÁCTICA DE SILENCIO - 10 MIN

Hoy la práctica es en el mundo.

Durante las próximas dos horas, antes de cada cosa que digas, haz una pausa de un segundo. Solo un segundo. Y en ese segundo pregúntate: ¿necesita ser dicho esto?

No tienes que silenciarte. Solo introducir el espacio.

Al final del día, siéntate cinco minutos en silencio y reflexiona: ¿hubo momentos en que el espacio cambió lo que dijiste?

...

PREGUNTA PARA EL ALMA

¿Hay una persona con quien necesitas hablar diferente, y cómo se vería esa conversación desde un lugar de silencio interior?

...

ORACIÓN DE CIERRE

Señor,
quiero hablar desde un lugar diferente.
No desde la herida. No desde el miedo.
No desde el impulso de tener razón.
Quiero que mis palabras tengan sal.
Que conserven, que nutran, que sanen.
Enséñame a hacer pausa antes de hablar.
A elegir la palabra que viene del amor
aunque me cueste más tiempo encontrarla.
Amén.

Escribe aquí lo que el silencio te dijo hoy:

DÍA 35

Escuchar a los demás como Dios te escucha

VERSÍCULO DEL DÍA

"Esto que sabéis, mis amados hermanos: todo hombre sea pronto para oír, tardo para hablar, tardo para airarse."

- Santiago 1:19 (RVR1960)

REFLEXIÓN

Hay una asimetría en la mayoría de las conversaciones: todos queremos ser escuchados, pero pocos queremos escuchar de verdad. Escuchar de verdad, no esperar nuestro turno para hablar.

¿Cómo escucha Dios? Cuando el salmista dice que gritó a Dios y Él lo oyó, la imagen es de una atención total. Sin distracciones. Sin interrupciones. Sin preparar Su respuesta mientras el salmista todavía habla. Con la persona completamente en foco.

Ese tipo de escucha es uno de los regalos más profundos que un ser humano puede darle a otro. Y también es una de las formas más concretas en que podemos reflejar el amor de Dios en nuestras relaciones.

Treinta y cinco días aprendiendo a escuchar a Dios en el silencio te han preparado para escuchar a los demás de una manera diferente. Porque quien aprende a estar quieto consigo mismo y con Dios, aprende también a estar quieto con el otro.

Santiago lo dice en el orden correcto: pronto para oír, tardo para hablar. El oír va primero.

...

VOZ DEL CAMINO

"El silencio es el lenguaje de Dios; todo lo demás es mala traducción."

- Rumi, adaptado por Thomas Keating

Aunque Rumi no era cristiano, los contemplativos cristianos han encontrado en esta imagen algo verdadero: cuando aprendemos el lenguaje del silencio, todo lo demás, incluida la escucha del otro, se transforma.

...

PRÁCTICA DE SILENCIO - 10 MIN

Hoy elige una conversación con alguien cercano: familiar, amigo, pareja.

Ante de comenzar esa conversación, di en tu corazón: Señor, ayúdame a escuchar a esta persona como tú me escuchas a mí.

Durante la conversación, practica estas tres cosas:

1. No interrumpir.

2. No preparar tu respuesta mientras el otro habla.

3. Hacer al menos una pregunta que invite al otro a profundizar.

Después siéntate cinco minutos en silencio y reflexiona qué fue diferente.

...

PREGUNTA PARA EL ALMA

¿Hay alguien en tu vida que necesita ser escuchado, y no ha tenido ese espacio contigo?

. . .

ORACIÓN DE CIERRE

Padre,
tú me escuchas aunque yo hable torpe.
Tú me escuchas aunque lo que digo no tenga forma todavía.
Tú me escuchas con paciencia que yo no merezco.
Hoy quiero escuchar a otros
con una fracción de esa misma paciencia.
Haz de mí un lugar seguro para las palabras del otro.
Amén.

Escribe aquí lo que el silencio te dijo hoy:

DÍA 36

El silencio como hábito, no como ejercicio

VERSÍCULO DEL DÍA

> *"Pero él se apartaba a lugares desiertos y oraba."*
>
> *- Lucas 5:16 (RVR1960)*

REFLEXIÓN

El versículo de hoy es breve pero revelador: pero él se apartaba. No una vez. No durante cuarenta días especiales. Se apartaba habitualmente, como patrón regular de su vida.

Eso es lo que este viaje de cuarenta días quiere instalar en ti: no una experiencia intensa que termina con el libro, sino un hábito. Un ritmo. Una forma de vivir que incluye momentos regulares de silencio y presencia con Dios.

Los hábitos no se forman en un día. Se forman por repetición. Y ahora, después de treinta y seis días, ya tienes algo importante: has demostrado que puedes. Que el silencio no te mata. Que Dios está ahí. Que vale la pena.

La pregunta ahora no es si vas a continuar con el silencio. La pregunta es cómo vas a integrarlo de manera sostenible en tu vida cotidiana. No cuarenta días intensos una vez al año. Quince minutos cada mañana. Un día de retiro cada mes. Un momento de quietud antes de cada decisión importante.

El árbol que da fruto tiene raíces profundas. El silencio es la práctica de profundizar las raíces.

. . .

VOZ DEL CAMINO

> *"Dame, Señor, perseverancia en la oración diaria, no solo en los tiempos de fervor."*
>
> *- San Francisco de Sales*

Francisco de Sales entendía que la vida espiritual no se sostiene en los picos de emoción sino en la fidelidad cotidiana. La perseverancia ordinaria vale más que los arrebatos extraordinarios.

. . .

PRÁCTICA DE SILENCIO - 10 MIN

Hoy la práctica es de diseño.

Siéntate en silencio diez minutos. Y en ese tiempo, diseña mentalmente cómo se vería tu práctica de silencio después de estos cuarenta días.

Pregúntate:

¿A qué hora del día es más realista?

¿Cuántos minutos puedo sostener de forma consistente?

¿Qué haré cuando se me haga difícil mantenerlo?

No tienes que ser perfecto. Solo tienes que tener un plan.

. . .

PREGUNTA PARA EL ALMA

¿Cómo vas a mantener vivo el hábito del silencio en tu vida cotidiana después de estos cuarenta días?

. . .

ORACIÓN DE CIERRE

Señor,
no quiero que esto sea solo un retiro espiritual de cuarenta días.
Quiero que sea el comienzo de una forma diferente de vivir.
Ayúdame a ser fiel en lo pequeño.
En los quince minutos de cada mañana.
En la pausa antes de responder.
En el momento de quietud antes de una decisión difícil.
Tú eres fiel. Enséñame a serlo también.
Amén.

Escribe aquí lo que el silencio te dijo hoy:

DÍA 37

Cuando el mundo vuelve a hacer ruido

VERSÍCULO DEL DÍA

> "*Mas tú, cuando ores, entra en tu aposento, y cerrada la puerta, ora a tu Padre que está en secreto; y tu Padre que ve en lo secreto te recompensará en público.*"
>
> *- Mateo 6:6 (RVR1960)*

REFLEXIÓN

Ya casi terminas. Y lo más probable es que en los próximos días, al volver a tu rutina completa, el mundo va a hacer ruido otra vez. El teléfono va a sonar. Las urgencias van a aparecer. Las personas van a necesitar cosas de ti. El ritmo acelerado va a intentar retomarte.

Eso no es una señal de que fallaste. Es simplemente la realidad del mundo en que vivimos.

Jesús no les enseñó a sus discípulos a huir del mundo para siempre. Les enseñó a tener un cuarto al que entrar. Un espacio interior que se puede acceder incluso en medio del ruido. Aposento no es literalmente una habitación, aunque puede serlo. Es también una postura interna: la capacidad de recogerte en un silencio interior aunque afuera todo esté en movimiento.

Eso es lo que estos treinta y siete días han estado construyendo. No un castillo de aislamiento, sino una puerta. Una que puedes abrir en cualquier momento, en cualquier lugar, cuando necesitas volver al centro.

El mundo va a seguir siendo ruidoso. Pero tú ya no eres el mismo que entró en este viaje.

. . .

VOZ DEL CAMINO

> "*Lleva a Dios contigo dondequiera que vayas, y encontrarás a Dios en todo lugar.*"
>
> *- Hermano Lorenzo, La Práctica de la Presencia de Dios*

El Hermano Lorenzo aprendió a mantener una conversación interior constante con Dios mientras lavaba ollas y preparaba comida. La presencia de Dios no es exclusiva de los momentos de retiro. Es accesible en cualquier lugar si has aprendido a sintonizarla.

. . .

PRÁCTICA DE SILENCIO - 10 MIN

Hoy practica el aposento interior en medio del ruido.

Elige un momento de tu día que normalmente sería ruidoso o agitado. Puede ser el tráfico, la hora del almuerzo, una reunión de trabajo.

En ese momento, sin que nadie lo note, di en tu interior: Padre, aquí estoy. Contigo en esto.

Solo eso. Diez segundos de retorno al centro.

Después, al final del día, siéntate diez minutos en silencio y reflexiona: ¿fue diferente ese momento?

. . .

PREGUNTA PARA EL ALMA

¿Cómo vas a mantener el acceso a tu aposento interior cuando el mundo vuelva a reclamarte todo?

. . .

ORACIÓN DE CIERRE

Señor,
el mundo va a seguir siendo ruidoso.
Lo sé. No me hago ilusiones.
Pero hoy sé algo que antes no sabía:
que tengo un cuarto al que entrar.
Una puerta que abrir en cualquier momento.
Un centro al que volver aunque esté en medio del caos.
Ese cuarto eres tú.
No me alejes de él.
Amén.

Escribe aquí lo que el silencio te dijo hoy:

DÍA 38

Comunidad: el silencio compartido

VERSÍCULO DEL DÍA

> *"No dejando de congregarnos, como algunos tienen por costumbre, sino exhortándonos; y tanto más, cuanto veis que aquel día se acerca."*
>
> *- Hebreos 10:25 (RVR1960)*

REFLEXIÓN

El camino espiritual puede parecer solitario. Y en algunos momentos, necesariamente lo es. El silencio que hemos practicado es personal, interior, tu propio viaje con Dios.

Pero la fe cristiana no es un camino de ermitaños. Es un camino comunitario. Y el silencio también puede ser compartido.

Hay algo extraordinario que ocurre cuando un grupo de personas elige estar en silencio juntas ante Dios. No hablan entre sí. No discuten. No tienen agenda. Solo están presentes, juntos, ante la misma presencia.

Los cuáqueros han practicado esto por siglos: la reunión de adoración en silencio, donde toda la comunidad espera a Dios sin palabras, hasta que alguien es movido a hablar. Los monasterios llevan el mismo ritmo desde el siglo VI.

¿Tienes alguien con quien puedas compartir este camino? No necesitas un grupo grande. Una persona es suficiente. Alguien con quien puedas compartir la pregunta para el alma de hoy, la palabra que encontraste en la Escritura esta semana, el lugar donde todavía te cuesta quedarte en silencio.

El silencio compartido multiplica lo que el silencio individual produce.

...

VOZ DEL CAMINO

> *"Donde dos o tres se reúnen en mi nombre, allí estoy yo en medio de ellos."*
>
> *- Mateo 18:20, Jesucristo*

La promesa de presencia no es solo para el silencio individual. Es para la comunidad reunida en su nombre. El silencio comunitario es también un lugar de encuentro con Él.

...

PRÁCTICA DE SILENCIO - 10 MIN

Si es posible, haz la práctica de hoy con otra persona.

Si no es posible, hazla imaginando que no estás solo.

Siéntate en silencio diez minutos. Y en esos diez minutos, di en tu corazón: Señor, no estoy solo en este camino. Hay otros que también te buscan. Úne tus corazones.

Si lo hiciste con alguien, al terminar compartan una sola cosa: ¿qué encontraron en el silencio de hoy?

...

PREGUNTA PARA EL ALMA

¿Hay alguien en tu vida con quien puedas compartir este camino de silencio, y cómo se lo propondrías?

...

ORACIÓN DE CIERRE

Padre,
gracias porque no estoy solo en esto.
Hay otros que también te buscan en el silencio.
Otros que también atravesaron su desierto.
Otros que también aprendieron a escucharte.
Haz de nosotros una comunidad
que se ayuda mutuamente a permanecer.
Que comparte el camino sin competir.
Que lleva las cargas del otro hasta la cruz.
Amén.

Escribe aquí lo que el silencio te dijo hoy:

DÍA 39

Tu misión y tu voz

VERSÍCULO DEL DÍA

"Como el Padre me envió a mí, así también yo os envío a vosotros."

- Juan 20:21 (RVR1960)

REFLEXIÓN

Jesús pasó cuarenta días en el desierto. Y luego volvió. Volvió con poder. Volvió con claridad. Volvió con una misión que había sido gestada en el silencio.

No se quedó en el desierto para siempre. El desierto no era el destino. Era la preparación.

Lo mismo es verdad para ti. Estos cuarenta días de silencio no son para que te conviertas en un ermitaño espiritual que vive desconectado del mundo. Son para que vuelvas al mundo diferente. Con una voz que nació del silencio. Con una escucha que fue entrenada en la quietud. Con un amor que fue renovado en la presencia de Dios.

¿Cuál es tu misión? No en el sentido grandilocuente de salvar el mundo. En el sentido concreto: ¿a quiénes te ha puesto Dios en la vida para amar? ¿Qué tienes que dar que fue forjado en este viaje? ¿Cómo se ve tu regreso al mundo desde este lugar?

El silencio no te aleja de la misión. Te prepara para ella.

. . .

VOZ DEL CAMINO

> *"La vida contemplativa no está separada de la vida activa. La contemplación sin acción es evasión. La acción sin contemplación es agitación."*
>
> *- Thomas Merton*

Merton entendió que el monasterio y el mundo no son opuestos. Son dos ritmos del mismo corazón. El silencio alimenta la misión, y la misión regresa al silencio para renovarse.

. . .

PRÁCTICA DE SILENCIO - 12 MIN

Hoy la práctica es de consagración.

Siéntate en silencio doce minutos.

En los primeros cuatro minutos, recuerda el camino recorrido en estos treinta y nueve días.

En los siguientes cuatro, pregúntale a Dios: ¿A dónde me envías? ¿Qué llevas tú en mí que ahora necesita salir al mundo?

En los últimos cuatro, di simplemente: Aquí estoy. Envíame.

. . .

PREGUNTA PARA EL ALMA

¿Qué tiene que ver este viaje de silencio con la forma en que vas a vivir tu vida a partir de mañana?

. . .

ORACIÓN DE CIERRE

Señor,
como me enviaste a este desierto,
envíame ahora al mundo.
No como era antes.
Sino con la voz que nació en el silencio.
Con los oídos entrenados para escuchar.
Con el corazón un poco más libre
de lo que me impedía amarte bien.
Aquí estoy.
Envíame.
Amén.

Escribe aquí lo que el silencio te dijo hoy:

DÍA 40

Ya no eres la misma persona que empezó

VERSÍCULO DEL DÍA

> *"De modo que si alguno está en Cristo, nueva criatura es; las cosas viejas pasaron; he aquí todas son hechas nuevas."*
>
> *- 2 Corintios 5:17 (RVR1960)*

REFLEXIÓN

Llegaste al día cuarenta.

Quiero que te detengas un momento en eso. No para felicitarte de manera superficial, sino para reconocer lo que significa: cuarenta días de decidir, una y otra vez, entrar al silencio. De volver cuando lo dejaste. De quedarte cuando querías irte. De escuchar cuando preferías hablar. De entregar cuando preferías aferrar.

Eso no es poca cosa.

¿Eres diferente a quien empezó el día uno? Puede ser que no lo sientas dramáticamente. La transformación espiritual rara vez se parece a los efectos especiales. Se parece más a que de repente te das cuenta de que respondes distinto a algo que antes te sacaba de quicio. O que en el silencio hay un espacio que antes no existía. O que llevas algo menos de peso que antes.

Pablo dice que en Cristo somos nueva criatura. No una criatura remendada, ni mejorada, sino nueva. Esa novedad no viene de tus cuarenta días de esfuerzo. Viene de la obra de Dios en ti que estos cuarenta días te permitieron recibir.

Esto no es el fin del camino. Es el principio de una nueva forma de caminarlo.

Bienvenido a la vida desde el silencio.

...

VOZ DEL CAMINO

> *"Al final de la vida, seremos juzgados por el amor."*
>
> *- San Juan de la Cruz*

San Juan no dijo que seríamos juzgados por cuántas horas oramos ni por cuántos retiros hicimos. Sino por el amor que producimos. Y el amor que producimos nace del encuentro con el Amor que nos encontró primero en el silencio.

...

PRÁCTICA DE SILENCIO - 15 MIN

Este es tu último día de práctica en este libro, aunque no el último día de tu camino.

Siéntate en silencio quince minutos.

En los primeros cinco, agradece. No con una lista. Solo con una actitud de gratitud. Lo que venga.

En los siguientes cinco, suelta. Cualquier cosa que todavía cargues de estos cuarenta días que no es tuya para cargar. Suéltala.

En los últimos cinco, escucha. Sin agenda. Sin preguntas. Solo escucha.

Y al terminar, abre los ojos y di, en voz alta si puedes:

Estoy aquí. Sigo aquí. Gracias.

...

PREGUNTA PARA EL ALMA

¿Quién eres hoy, al final de estos cuarenta días, comparado con quien entró al día uno?

...

ORACIÓN DE CIERRE

Padre,
llegué al final.
O al principio.
No estoy seguro de cuál es cuál,
y creo que eso ya es una respuesta.
Gracias por el ruido que me ayudaste a ver.
Gracias por el desierto que no me destruyó.
Gracias por la escucha que estás entrenando en mí.
Gracias por las heridas que tocaste.
Gracias por el regreso.
No soy la misma persona que empezó esto.
Y eso no fue mío.
Fue tuyo.
Sigo contigo.
Siempre.
Amén.

Escribe aquí lo que el silencio te dijo hoy:

El viaje no termina aquí.

Continúa cada mañana con Silencio Diario —
una oración y una reflexión breve en tu correo, para empezar tu día centrado y de la mano de Dios.

— Reflexión de 2 minutos para empezar desde adentro, no desde el ruido.

— Oración diseñada para los momentos de la vida cotidiana + versículo ancla para llevar contigo todo el día.

— Comunidad de personas que, como tú, eligieron no volver al ruido y crear un hábito en la fe.

Escanea para unirte.

Porque el silencio es mejor cuando se comparte.

Después de los 40 días, ¿qué?

Terminaste. O empezaste. Como te decía al final del día cuarenta, no estoy muy segura de cuál es cuál.

La pregunta más honesta que puedes hacerte ahora es esta: ¿qué va a ser diferente? No de manera dramática. No con una lista de propósitos espirituales que se acumula junto a los propósitos de año nuevo. Sino de manera concreta, sostenible, humana.

Aquí van algunas ideas para continuar:

Mantén el hábito del silencio diario. No tiene que ser largo. Quince minutos cada mañana, antes de que el día empiece, puede cambiar la textura de todo lo que sigue. Muchas personas descubren que esos quince minutos son el anclaje que el resto del día necesita.

Regresa a este libro cuando lo necesites. No tienes que empezarlo desde el principio. Puedes abrir cualquier día que responda a lo que estás viviendo. La Etapa del Desierto cuando atravieses sequedad. La Etapa de la Sanación cuando algo duele. La Etapa del Regreso cuando necesites recordar por qué empezaste.

Busca compañía en el camino. Ya sea un director espiritual, un grupo pequeño de fe, o simplemente un amigo con quien puedas compartir la pregunta para el alma de vez en cuando. El silencio individual es poderoso. El silencio acompañado es transformador.

Explora otros recursos. Autores como Henri Nouwen, Thomas Merton, Santa Teresa de Ávila, San Juan de la Cruz y el Hermano Lorenzo te esperan con una riqueza que este libro solo pudo rozar. Sus obras completas son pozos de profundidad a los que puedes volver una y otra vez.

Practica la lectio divina regularmente. Elige un texto de la Escritura cada semana y léelo con el método del día diecinueve: leer, meditar, orar, contemplar. No necesitas mucho texto. Necesitas profundidad.

Y finalmente, sé paciente contigo mismo. La vida espiritual no es una línea recta de progreso constante. Habrá semanas en que el silencio fluya y semanas en que no puedas ni cinco minutos. Habrá días en que Dios esté muy presente y días de desierto. Eso no es fracaso. Eso es el camino.

Lo que has aprendido en estos cuarenta días no desaparece porque el libro termine. Está grabado en algún lugar más profundo de lo que las palabras pueden alcanzar.

El Dios que encontraste en el silencio sigue estando ahí. En la mañana cuando todavía está oscuro. En el momento de quietud antes de una conversación difícil. En el instante de pausa antes de responder. En el espacio entre el ruido y el ruido.

Ese espacio es suyo. Y ahora también es tuyo.

Sigue caminando.

— Sylvia Zambrano

www.ingramcontent.com/pod-product-compliance
Lightning Source LLC
LaVergne TN
LVHW010622100826
845148LV00014B/3074

* 9 7 9 8 8 9 5 7 1 3 5 9 4 *